이방인

부클래식
044

이방인

알베르 카뮈

김용석 옮김

부북스

차 례

제1부 • • • 7

제2부 • • • 77

역자 해설 • • • 149

제1부

1

오늘, 엄마는 죽었다. 아니 어쩌면 어제였을지도 모른다. 양로원에서 보낸 한 통의 전보를 받았다. "어머니 별세. 내일 장례. 삼가 아룀." 그건 아무런 의미가 없다. 아마도 어제였을 것이다.

양로원은 알제에서 팔십 킬로미터 거리의 마랑고에 있다. 나는 두 시에 버스를 탈 것이고, 그러면 오후 내에 도착할 것이다. 그렇게 해서 나는 밤샘을 할 수 있을 것이고, 내일 저녁에 돌아올 것이다. 나는 사장에게 휴가를 이틀 요구했고, 그는 이와 같은 사유로 인해 내 요청을 거부할 수 없었다. 하지만 그는 내켜하는 표정이 아니었다. 심지어 나는 그에게 "그건 내 잘못이 아닙니다."라는 말까지 했다. 그는 대답하지 않았다. 그때 나는 그에게 그 말을 하지 말았어야 했다는 생각이 들었다. 결국, 내가 미안해 할이유는 없었다. 오히려 그가 내게 애도를 표했어야 했다. 하지만 그가 상복을 입은 내 모습을 보게 될 모레가 되면 그는 분명 그렇게 할 것이다. 지금 당장은, 마치 엄마가 죽지 않았기라도 한 듯하다. 장례를 치룬 이후엔, 이와 달리, 그것은 정돈된 일이 될 것이고, 모든 것이 좀 더 공식적인 양상을 띠게 될 것이다.

나는 두 시에 버스를 탔다. 무척 더운 날씨였다. 나는 식당에서, 평소처럼 셀레스트네 식당에서 식사했다. 그들 모두는 나 때문에 많이 마음 아파했고, 셀레스트는 내게 "어머니 한 분뿐인데"라고 말했다. 내가 떠날 때, 그들은 문까지 나를 따라왔다. 나는 약간 어지러웠는데, 그것은 에마뉘엘의 집으로 올라가 검은 넥타이와 팔에 두를 상장(喪章)을 빌려야 했었기 때문이었다. 그는 몇 달 전에 삼촌을 잃었다.

나는 출발 버스를 놓치지 않기 위해 뛰었다. 게다가 덜컹거림, 휘발유 냄새, 도로와 하늘의 반사광에 그와 같은 서두름이, 그와 같은 뜀박질이 더해져, 분명 그 모든 것 때문에, 나는 잠에 빠져들었다. 나는 가는 동안 거의 내내 잤다. 이윽고 내가 깼을 때, 나는 한 군인을 구석으로 압박하고 있었는데, 그는 내게 미소를 지었고 내게 멀리서 오는 길인지 물었다. 나는 더 이상 이야기하지 않기 위해 "그래요"라고 말했다.

양로원은 마을에서 이 킬로미터 거리에 있다. 나는 그 길을 걸어서 갔다. 나는 곧장 엄마를 보고 싶었다. 하지만 관리인은 내게 원장을 만나야 한다고 말했다. 원장이 바빴기 때문에, 나는 좀 기다렸다. 그러는 동안 관리인이 줄곧 말을 했고, 이윽고 나는 원장을 만났는데, 그는 자기 사무실에서 나를 맞아 주었다. 레지옹 도뇌르 훈장을 달고 있는 키가 작은 노인이다. 그는 맑은 눈빛으로 나를 바라보았다. 그러고 나서 그는 나와 악수를 했는데, 너무 오래 잡고 있어서 나는 어떻게 내 손을 빼야 할지 도무지 알 수 없을 정도였다. 그는 서류를 한 장 들척이더니 내게 "뫼르소 부인은 삼 년 전에 여기에 들어오셨네요. 당신이 유일하게 부인을 부양할 사람이었군요."라고 말했다. 나는 왠지 그가 나를 비난하고 있다고 생각했기에, 그에게 설명하기 시작했다. 하지만 그는 "변명할 것 없어요. 젊은이. 나는 당신 어머니의 서류를 읽어 보았답니다. 당신은 그분의 생활비용을 댈 수 없었겠네요. 그분에게는 간호할 사람이 필요했었군요. 당신의 월급은 적었고 말이지요. 어찌되었든, 그분은 이곳에서 더 행복하셨지요."라고 하면서 내 말을 가로 막았다. 나는 "네, 원장 선생님"이라고 말했다. 그는 "당신도 알다시피, 그분에게는 친구분들이, 그분 나이의 사람들이 있었어요. 그분은 그들과 지난 시절의 관심사들을 나눌 수도 있었고요. 당신은 젊으니까, 그분은 당신과 지내는 것이 적적하셨을 거예요."라고 덧붙여 말했다.

정말이었다. 집에 있었을 때, 엄마는 말없는 침묵의 눈길로 나를 지켜보면서 시간을 보냈다. 양로원에 온 처음 며칠 동안 그녀는 종종 울었다. 하지만 그건 습관 때문이었다. 몇 달이 지나 만일 그녀를 양로원에서 데리고 나왔더라면 그녀는 울었을 것이다. 역시 습관 때문이었을 것이다. 마지막 해에 내가 양로원에 더 이상 거의 가지 않았던 것도 약간은 바로 그런 것 때문이다. 게다가 그러자면 내 일요일을 날리게 되는 것이기도 했다.—버스를 타러 가야하고 표를 사고 차를 두 시간 타야 하는 수고는 제 쳐두더라도.

원장은 계속해서 나에게 말을 했다. 하지만 나는 더 이상 그의 말을 거의 듣고 있지 않았다. 그러고 나서 그는 내게 "당신이 어머니를 보고 싶으실 거라고 생각되는군요."라고 말했다. 나는 아무 말 없이 일어섰고, 그는 나보다 앞서 문으로 갔다. 계단에서 그는 내게 "우리가 그분을 작은 영안실로 모셨습니다. 다른 사람들을 놀라게 하지 않기 위해서지요. 재원자 한 분이 죽을 때마다, 다른 사람들이 이삼일 동안 신경이 날카로워집니다. 그렇게 되면 장례 일이 힘들어지지요."라고 설명했다. 우리는 마당을 가로질러 갔는데, 그곳에는 여러 노인들이 있었고, 그들은 몇몇이 모여 떠들어 대고 있었다. 우리가 지나가는 동안 그들은 말을 멈췄다. 그리고 우리가 지나가자 대화는 다시 이어졌다. 귀를 따갑게 만드는 앵무새들의 재잘거림과도 같았다. 한 작은 건물 문에서 원장은 "나는 가보겠습니다. 뫼르소 씨. 내 사무실에 있을 테니 언제든 와요. 원칙적으로 장례행렬은 오전 열 시로 정해져있어요. 그렇게 하면 당신이 고인 곁에서 밤샘을 할 수 있을 거라고 우리가 생각했지요. 마지막으로 전할 말은 당신 어머님은 종종 동료들에게 종교적으로 장례를 치렀으면 하는 바람을 표하셨던 것으로 보인다는 점입니다. 필요한 것은 내가 갖춰놓았지요. 하지만 당신에게 그에 대해 알려드리고 싶었습니다."라고 말하고는 가버렸다. 나는 원장에게 고맙다는 말을 했다. 엄마는 무신론자는 아니었지만 생전에 종교를 생각한 적은 결코 없었다.

나는 들어갔다. 무척 밝고, 회칠이 하얗게 되어 있고, 큰 유리 창이 하나 달린 방이었다. 방에는 의자들과 X자 형태의 받침대들이 갖추어져 있었다. 그 받침대들 중에서 가운데 놓인 두 개의 받침대가 뚜껑이 덮인 관 하나를 받치고 있었다. 단지 보였던 것은 살짝 박힌 채 반짝거리는 나사못들뿐이었고, 갈색의 호두껍데기 염료를 두른 판자들 위로 그것들이 뚜렷이 드러나 있었다. 관 옆에는 하얀 작업복을 입은 아랍인 여자 간호사 한 명이 머리에 선명한 색의 스카프를 두르고 있었다.

바로 그때 관리인이 내 등 뒤쪽으로 들어왔다. 그는 달려온 듯했다. 그는 약간 더듬거리며 "덮어 놓았습니다. 하지만 관을 풀어 드리면 당신은 어머니를 보실 수 있을 겁니다."라고 말했다. 그가 관으로 다가갔고 그때 나는 그를 만류시켰다. 그는 내게 "원하지 않으세요?"라고 말했다. 나는 "그래요."라고 대답했다. 그는 멈췄고, 그러자 나는 난처해졌는데, 그렇게 말하지 말았어야 했다고 느꼈기 때문이었다. 잠시 후에 그는 나를 바라보았고 내게 "왜요?"라고 말했지만, 비난하는 듯한 어조는 아니었으며, 마치 이유나 알아보자는 것 같았다. 나는 "모르겠어요."라고 말했다. 그러자 그는 자신의 하얀 콧수염을 만지작거리면서 나를 보지도 않은 채 "이해해요."라고 툭 내뱉었다. 그의 눈은 아름다웠는데 담청색이었으며, 얼굴색은 약간 붉었다. 그는 내게 의자 하나를 내주었고, 그도 약간 내 뒤쪽에 앉았다. 방에 있던 간호사가 일어나

출구 쪽으로 향했다. 그때 관리인이 내게 "저 여자는 일종의 종양이 있어요."라고 말했다. 나는 말을 알아듣지 못했고, 간호사를 바라보았는데, 그녀가 눈 아래 얼굴 둘레를 두르고 있는 붕대를 하고 있는 것이 보였다. 코 부분에서 붕대는 평평한 모습이었다. 그녀의 얼굴에는 하얀 붕대만이 보였다.

그녀가 가버리자 관리인은 "혼자 있게 해드리지요."라고 말했다. 내가 어떤 몸짓을 했는지 몰라도, 그는 멈춰서 내 뒤에 서 있었다. 내 등 뒤에 그렇게 사람이 서 있는 것이 나를 거북하게 했다. 영안실은 저무는 오후의 아름다운 빛으로 가득했었다. 무늬말벌 두 마리가 큰 유리창에 막혀 윙윙거리고 있었다. 게다가 나는 졸음이 오는 것을 느끼고 있었다. 나는 관리인을 향하지도 않은 채 그에게 "여기 계신 지 오래 되셨나요?"라고 말했다. 그는 바로 "오 년 됐네요."라고 말했다.—마치 내 질문을 오래전부터 기다리고 있었다는 듯.

그리고 그는 수다를 길게 늘어놓았다. 누군가 마랑고 양로원에서의 관리인을 그만두라고 그에게 말한다면, 그는 무척 놀랐을 것이다. 그는 예순네 살이며 파리 사람이었다. 그때 나는 "아! 이곳분이 아니시군요?"라고 그의 말을 끊었다. 이후 나는 그가 원장실로 나를 데리고 가기 전에 엄마에 관해 이야기를 했던 것을 기억해냈다. 그는 나에게, 엄마를 서둘러 매장해야 하는데, 그 이유는 특히 이 지방의 평야는 날씨가 덥기 때문이라고 말했었다. 바로 그때 그는 자신이 파리에 살았다는 것, 그곳을 잊기가 힘들다는 것을 알려주었다. 파리에서는 고인과 사흘, 때로는 나흘을 지낼 수도 있다. 이곳에서는 시간이 없으며, 생각할 짬도 없이 영구차를 따라가야 한다고 했다. 그때 그의 아내가 그에게 말했다. "조용히 해요. 이 선생에게 할 만한 이야기가 아니에요." 영감은 얼굴이 붉어져 사과를 했다. 나는 그들의 말에 끼어들어, "아니에요. 정말 아니에요."라고 말했다. 나는 관리인의 말이 옳고 흥미 있다고 생각했다.

그 조그만 영안실에서, 관리인은 자신이 극빈자로 양로원에 들어왔다고 내게 알려주었다. 그는 자신이 건강하다고 생각했기에, 이 관리인의 자리를 자원했었다. 내가 그에게 결국 그도 양로원의 재원자라고 지적했다. 그는 아니라고 말했다. 그가 자신보다 몇몇은 나이가 많지 않음에도 재원자들의 이야기를 하면서 '그들', '다른 사람들' 또 좀 드물게 '그 늙은이들'이라는 식으로 말하는 것을 듣고 나는 놀랐던 터였다. 하지만 물론 그는 그들과는 같지 않았다. 그는 관리인이었고, 그렇기 때문에, 어느 정도 재원자들에 대한 권리를 그는 갖고 있었다.

간호사가 그때 들어왔다. 갑자기 황혼이 내리고 있었다. 순식간에 밤은 큰 유리창 위에 두터워져 갔다. 관리인이 전기 스위치를 돌렸고, 그러자 나는 갑작스럽게 빛나는 전등 빛에 눈이 캄캄해졌다. 내게 구내식당에 가서 저녁을 먹으라고 그가 권했다. 하지만 나는 배가 고프지 않았다. 그러자 밀크커피를 한 잔 가져오겠다고 그가 내게 말했다. 나는 밀크커피를 아주 좋아하기 때문에 받아들였고, 조금 뒤에 쟁반 하나를 들고 그가 돌아왔다. 나는 밀크커피를 마셨다. 그때 나는 담배를 피우고 싶었다. 하지만 나는 주저했는데, 엄마 앞에서 담배를 피워도 되는지 아닌지를 알 수 없기 때문이었다. 생각해보니, 그런 것은 조금도 중요하지 않았다. 나는 관리인에게 담배를 하나 권했고, 우리는 담배를 피웠다.

갑자기, 그가 말을 꺼냈다. "아시겠지만, 자당의 친구들도 그분 곁에서 밤샘을 하러 올 거예요. 그게 관습이예요. 나는 의자들과 블랙커피를 찾으러 가야겠네요." 나는 전등 가운데 하나를 끌 수 있을지 그에게 물었다. 하얀 벽들에 반사되는 한 전등불빛이 나를 피로하게 만들고 있었다. 그는 불가능하다고 내게 말했다. 전기 설비가 그렇게 되어 있었다. 전부 켜두거나 꺼버리든가 할 수밖에 없었다. 나는 더 이상 그에게 별 주의를 두지 않았다. 그는 나갔다가, 돌아왔고, 의자들을 배치했다. 그는 의자들 중 하나에 커피포트를 놓고 주위에 잔들을 쌓아 놓았다. 그러고 나서 그는 내 맞은편, 엄마 건너편에 앉았다. 간호사도 역시 안쪽에서, 등을 돌리고 앉아 있었다. 그녀가 무엇을 하고 있는지 내게는 보이지 않았다. 하지만 팔의 움직임으로, 그녀가 뜨개질을 하고 있다고 나는 생각할 수 있었다. 공기가 부드러웠고, 커피를 마셔 몸이 따뜻했으며, 열린 문으로 밤과 꽃향기가 들어오고 있었다. 내가 약간 졸았다고 생각한다.

뭔가 스치는 소리가 나를 깨웠다. 눈을 감고 있었지만, 방은 여전히 더 하얗게 눈이 부시는 것처럼 여겨졌다. 내 앞에는 그림자 하나 없고, 물체 하나하나, 모서리 하나하나, 모든 곡선들이 눈이 아플 정도로 뚜렷이 드러나 보이고 있었다. 바로 그때 엄마의 친구들이 들어왔다. 그들은 모두 열 명쯤 되었는데, 아무 말 없이 그 눈부신 빛 속으로 들어왔다. 그들이 의자에 앉았지만, 어떤 의자에서도 삐걱거리는 소리는 나지 않았다. 나는 사람이라고는 전혀 본 적이 없는 것처럼 그들을 보았는데, 그들의 얼굴이나 옷차림 하나도 내 눈에 띄지 않는 것이 없었다. 하지만 나는 그들의 말소리를 들을 수 없었기에, 그들이 실제로 존재하는 사람들이라고는 믿기 어려웠다. 거의 모든 여자들은 앞치마와 끈으로 허리를 졸라매고 있어서, 불룩 나온 배가 두드러져 보였다. 나는 그때까지 늙은 여자들의 배가 얼마나 불룩해질 수 있는지를 주시해 본 적이 없었다. 남자들은 거의 모두 매우 마른데다가 지팡이를 쥐고 있었다. 그들의 얼굴에서 나를 놀라게 한 것은, 그들의 눈을 볼 수는 없었으나, 다만 주름살투성이 한가운데에 광채 없는 어떤 빛이 보였다는 것이었다. 그들은 앉으며, 거의 모두 나를 쳐다 보면서 서먹하게 머리를 흔들었고, 입술들은 이가 없는 입속으로 온통 말려 있었는데, 나는 그들이 내게 인사하는 것인지, 아니면 그들의 버릇인지를 알 수 없었다. 나는 그저 그들이 내게 인사를 했다고 생각한다. 그들이 모두 관리인을 둘러싸고 나와 마주 앉아서 고개를 꾸벅거리고 있는 것을 내가 본 것은 바로 그때였다. 나는 순간 그들이 나를 심판하기 위해서 이곳에 와 있다는 어처구니없는 느낌을 받았다.

얼마 지나지 않아 여자들 중 한 명이 울기 시작했다. 여자는 둘째 줄에 앉아 있었고, 다른 여자들 중 한 명에게 가려져 있었기에, 나는 여자를 잘 볼 수 없었다. 그 여자는 작은 소리를 내며 규칙적으로 울고 있었다. 내게는 그녀가 결코 울음을 멈추지 않을 것처럼 보였다. 다른 사람들은 그 울음소리가 들리지 않는 듯한 분위기였다. 그들은 가라앉은 듯, 침울하고 조용히 있었다. 그들은 모두 관이라든가 지팡이라든가, 혹은 그 무엇이든, 하지만 오직 그것 한 가지만을 바라보고 있었다. 그 여자는 여전히 울고 있었다. 나는 그 여자를 알지도 못했기 때문에 무척 놀랐다. 더 이상 그 울음소리를 듣지 않기를 바랐다. 그렇지만 내가 그녀에게 그렇게 말할 수도 없었다. 관리인이 그 여자를 향해 몸을 숙이고 말을 했지만, 그녀는 머리를 가로젓고 뭔가 중얼거리더니, 종전과 마찬가지로 규칙적으로 계속 울었다. 그때 관리인이 내 옆으로 왔다. 그는 내 옆에 바짝 앉았다. 상당히 오랫동안 그러고 있더니, 나의 얼굴을 보지 않고 이렇게 가르쳐주었다. "저분은 자당과 매우 친했어요. 저분이 말로는 이곳에서 자당이 자신의 하나뿐인 친구였고, 이제 자신은 더 이상 친구가 하나도 없는 거라네요."

우리들은 오랫동안 그렇게 앉아 있었다. 그 여자의 한숨과 흐느낌은 차츰 뜸해졌다. 그녀는 몹시 훌쩍거렸다. 마침내 그녀는 조용해졌다. 나는 더 이상 졸음은 오지 않았지만, 피곤했고 허리가 아팠다. 이제 나를 고통스럽게 하는 것은 바로 이 모든 사람들의 침묵이었다. 다만 가끔 이상한 소리를 들었는데, 나는 그것이 무슨 소리인지 알 수가 없었다. 한참 지나서, 나는 그중의 어떤 늙은이들이 볼때기 안쪽을 빨아서 그처럼 이상한 혀 차는 소리를 내고 있다는 것을 알게 되었는데, 그들 자신은 그런 소리가 나는 것을 알지도 못할 만큼 제각기 깊은 생각에 몰두해 있었다. 그들 가운데 뉘어진 그 시체가 그들의 눈에는 아무런 의미도 없다는 인상마저 나는 받았다. 하지만 지금 그것이 잘못된 인상이었다고 나는 생각한다.

우리들은 모두 관리인이 따라준 커피를 마셨다. 그 다음은 더 이상 알지 못한다. 밤이 지났다. 어느 순간 내가 눈을 떴다는 것과, 노인들이 서로 포개진 채 잠이 들어 있었던 것을 보았다는 것을 기억하는데, 어떤 한 사람만은 지팡이를 잡은 손등 위에 턱을 대고, 마치 내가 깨기만을 기다리고 있었다는 듯이 나를 뚫어지게 바라보고 있었다. 그리고 나는 다시 잠이 들었다. 허리가 점점 더 아파서 나는 눈을 떴다. 큰 유리창으로 날이 밝아오고 있었다. 얼마 후에, 노인들 중 한 남자가 잠이 깨어 기침을 심하게 했다. 그는 바둑판무늬의 커다란 손수건에 가래를 뱉었고, 가래마다 뱉는다기보다는 마치 잡아 뜯는 듯했다. 그가 다른 사람들의 잠을 깨게 했고, 관리인은 노인들이 떠날 시간이라고 말했다. 그들은 일어났다. 불편한 밤샘으로 인해 그들의 얼굴은 잿빛이 되어있었다. 빈소를 나서면서, 매우 놀라운 일이었지만, 그들은 모두 나의 손을 잡고 악수를 했다. 마치 서로 말 한마디 주고받지 않은 그날

밤 덕분에 우리들의 친밀감이 한층 두터워지기라도 했다는 듯이.

나는 피곤했었다. 관리인이 자기 집으로 안내해주어서 나는 간단히 세수할 수 있었다. 다시금 아주 맛있는 밀크커피를 나는 마셨다. 내가 밖으로 나왔을 때는 해가 완전히 떠있었다. 마랑고를 바다와 나누고 있는 언덕들 위로, 하늘이 온통 불그레한 빛으로 가득했다. 게다가 언덕들 위를 지나는 바람이 이곳까지 소금냄새를 실어오고 있었다. 아름다운 하루가 될 것 같았다. 야외에 나와 본 적이 오래되었기 때문에, 엄마 일만 아니었다면 산책하기에 얼마나 좋을까 하는 생각이 들었다.

나는 안뜰의 플라타너스 아래에서 기다렸다. 신선한 흙냄새를 들이마시자 더 이상 졸음은 오지 않았다. 나는 사무실 동료들을 생각했다. 지금 시간이면 그들은 일하러 가기 위해 일어났을 것이다. 나에게는 언제나 이때가 가장 힘든 시간이었다. 나는 이러한 것들을 좀 더 생각해 보았지만, 건물들 안에서 울리는 종소리에 주의가 산만해지고 말았다. 창문들 뒤에서는 한동안 소란스러운 소리가 나더니, 이윽고 모든 것이 잠잠해졌다. 해는 하늘로 좀 더 높이 떠올랐다. 해가 내 발을 뜨겁게 만들기 시작했다. 관리인이 안뜰을 가로질러 와서 원장이 나를 부른다고 말했다. 나는 그의 사무실로 갔다. 그가 시키는 대로 몇 가지 서류에 서명을 했다. 나는 그가 줄무늬 바지와 검은 옷을 입고 있는 것을 보았다. 그는 전화기를 손에 들고 나에게 말했다. "장의사의 일꾼들이 조금 전부터 와 있습니다. 와서 관을 닫으라고 해야겠습니다. 그

전에 마지막으로 어머님을 보겠습니까?" 나는 아니라고 말했다. 그는 목소리를 낮추면서 전화기에 대고 명령했다. "피자크, 인부들에게 일을 해도 된다고 말하게."

이후 그는 자신도 장례식에 참석할 것이라고 말했기에 나는 그에게 고맙다고 했다. 그는 책상 뒤에 앉았고, 짧은 다리를 포갰다. 그는 나와 자신과 당번 간호사만이 참석할 것이라고 말해주었다. 원칙적으로 재원자들은 장례식에 참석할 수 없었다. 그들에게는 밤샘만 허용됐다. "그건 인정 문제니까요."라고 그가 언급했다. 그러나 이번에 그는 특별히, 엄마의 늙은 남자친구에게 장례행렬을 따라가는 것을 허락했다. "토마 페레랍니다." 이렇게 말하며 원장은 미소를 지었다. 그가 내게 말했다. "당신도 이해하겠지만, 좀 어린애 같은 감정이지요. 하지만 그와 당신 어머니는 떨어져 있는 일이 거의 없었답니다. 원내에서는 그들을 놀리느라고 페레에게, '당신의 약혼자야.'라고 말하곤 했어요. 그는 웃곤 했지요. 그렇게 하는 것이 그들을 기쁘게 만들곤 했지요. 그러니까 뢰르소 부인의 죽음이 그에게 많은 슬픔을 준 것은 사실이에요. 그가 장례식에 참석하는 것을 허락하지 말아야 한다고는 생각하지 않았습니다. 하지만 왕진 의사의 조언에 따라 내가 그의 어제 밤샘은 금했답니다."

우리는 무척 오랫동안 조용히 있었다. 원장은 일어나서 사무실 창문 밖을 내다보았다. 한순간 그는 지켜보다 말했다. "마랑고의 사제님이 벌써 오시네요. 일찍 오셨군요." 바로 마을 안에 있는 성당까지 가자면 적어도 45분은 걸어야할 거라고 그는 내게 미리 말해주었다. 우리는 내려갔다. 건물 앞에는 사제와 복사 아이 둘이 있었다. 그중 한 아이가 향로를 들고 있었는데, 사제는 은줄의 길이를 조절하느라 아이를 향해 몸을 굽히고 있었다. 우리가 그 앞에 이르자, 사제는 몸을 폈다. 그는 나를 '내 아들'이라고 불렀고, 내게 몇 마디 말을 했다. 그가 안으로 들어갔다. 나는 그의 뒤를 따랐다.

나는 관의 나사못이 꽉 조여져 있던 것과 방 안에 흑인 네 명이 있는 것을 한눈에 보았다. 그와 동시에 나는 영구차가 길에서 기다리고 있고 사제가 기도를 시작한다는 원장의 말을 들었다. 그 순간부터 모든 것이 무척 신속히 진행되었다. 인부들은 큰 보자기를 들고 관 앞으로 나섰다. 사제와 그를 뒤따르는 복사들과 원장과 나는 밖으로 나왔다. 문 앞에 내가 모르는 한 부인이 있었다. "뫼르소 씨에요."라고 원장이 말했다. 나는 그 부인의 이름을 듣지 못했고, 그녀가 담당 간호사라는 것만 이해했다. 그녀는 웃는 기색도 없이, 골격이 앙상한 긴 얼굴을 숙였다. 그리고 우리들은 시신이 지나갈 수 있도록 나란히 비켜섰다. 우리는 운구하는 인부들을 따라 양로원을 나왔다. 문 앞에 영구차가 있었다. 옻칠이 되어 있고 가로로 긴 데다 번쩍거리는 그 영구차는 필통을 생각나게 했다. 영구차 옆에는 진행을 맡은 우스꽝스런 옷차림을 한 키가 작은 사내가 있었고, 거동이 어색해 보이는 한 노인이 있었다. 나는 그가 페레 씨라는 것을 알았다. 그는 위가 동그랗고 전두리가 널찍한 소프트 모자를 쓰고 있었고(관이 문을 지날 때는 그것을 벗었다), 바지 자락은 구두 위로 비틀려 늘어진 옷차림에다가 커다란 흰 칼라가 달린 셔츠에 비해서 지나치게 작은 검정 넥타이를 매고 있었다. 검은 점들이 박힌 코 밑에서 그의 입술이 떨리고 있었다. 상당히 가느다란 백발 밑으로 축 처지고 귓바퀴가 흉하게 말린 야릇한 귀가 드러나 있었는데, 창백한 얼굴의 그 핏빛 귀에 나는 무척 놀랐다. 진행을 맡은 사람이 우리들의 자리를 정했다. 주임신부가 앞장서 걷고, 다음은 영구차. 영구차 주위에 네 명의 인부가. 그 뒤로 원장과 내가. 행렬의 끝에는 담당 간호사와 페레 씨가 따르기로 되었다.

하늘은 이미 태양으로 가득 차 있었다. 그것은 땅 위로 무겁게 내리쬐기 시작했고, 열기는 급속히 더해갔다. 왜 그러는지는 알 수 없으나 길을 떠나기 전에 우리들은 상당히 오랫동안 기다렸다. 어두운 옷을 입고 있어서 나는 더웠다. 모자를 쓰고 있던 그 작은 노인은 다시 모자를 벗었다. 내가 고개를 돌리고 조금 그를 보고 있으려니까, 원장이 내게 그에 대한 이야기를 했다. 원장은 나에게, 종종 내 어머니와 페레 씨가 저녁이면 간호사를 데리고서 마을까지 산책을 하곤 했다고 말했다. 나는 주위의 벌판을 바라보았다. 저 멀리 하늘 닿는 언덕까지 늘어선 사이프러스 나무숲의 윤곽, 적갈색과 초록색의 대지, 드문드문 흩어져 있지만 그린 듯 뚜렷한 집들을 통하여 나는 엄마를 이해하고 있었다. 이 고장에서 저녁은 일종의 서글픈 휴식 같은 것이었을 것이다.

오늘, 풍경을 전율케 하면서 천지에 넘쳐나는 햇빛은 이 고장을 비인간적이고도 사람의 기를 꺾어놓는 분위기로 만들고 있었다.

우리는 걷기 시작했다. 그때 나는 페레가 다리를 약간 전다는 것을 알아차렸다. 영구차는 조금씩 속도가 붙었고, 영감은 자꾸 뒤로 처졌다. 영구차를 둘러싸고 따르던 인부들 중 한 사람도 뒤처져 이제 나와 나란히 걷고 있었다. 나는 해가 그렇게 빨리 하늘로 솟아오르는 것에 놀랐다. 이미 오래 전부터 벌판에서는 벌레 소리가 윙윙거리고 풀잎 소리가 소란스럽게 들리고 있다는 것을 나는 알아차렸다. 땀이 내 뺨 위로 흘러내렸다. 나는 모자가 없었기에 손수건으로 부채질을 하곤 했다. 그때 장의사 인부가 나에게 뭐라고 말을 했는데 나는 알아듣지 못했다. 동시에 그 인부는 오른손으로 모자 차양을 들어 올리고 왼손에 들고 있던 손수건으로 이마를 닦았다. 나는 그에게 말했다. "뭐라고요?" 그는 하늘을 가리키며 되풀이했다. "내리쬐네요." 나는 "네."라고 말했다. 조금 뒤에 그가 물었다. "저분이 당신 어머닌가요?" 나는 또 "네."라고 말했다. "연세가 많으셨나요?" 나는 "그렇죠 뭐."라고 대답했는데, 정확한 숫자를 몰라서였다. 그러고 나서 그는 말이 없었다. 나는 뒤를 돌아, 우리 뒤로 오십 미터쯤 떨어져서 페레 영감을 보았다. 그는 펠트 모자를 열심히 흔들면서 걸음을 빨리하고 있었다. 나는 원장도 보았다. 그는 필요 없는 몸짓은 전혀 하지 않았고 매우 점잖게 걷고 있었다. 이마 위에는 땀이 몇 방울 맺혀 있었으나, 그것을 닦지 않았다.

내가 보기에는 행렬이 약간 더 빨리 움직이는 것 같았다. 주위에는 여전히 햇빛이 넘쳐서 눈부시게 빛나는 벌판뿐이었다. 하늘에서 쏟아지는 강렬한 빛은 견딜 수 없을 지경이었다. 그러다 어느 순간 우리는 최근에 새로 포장된 길의 한 부분을 지나갔다. 뜨거운 햇볕을 받아 아스팔트가 녹아서 갈라져 있었다. 발이 그속에 푹푹 빠져들어 갔고, 콜타르의 번쩍거리는 살을 벌려놓았다. 영구차 위로 드러나 보이는 마부의 삶은 가죽으로 만든 모자는 검은 진흙 반죽을 이겨서 만든 것처럼 보였다. 나는 푸르고 흰 하늘과 갈라진 아스팔트의 끈적거리는 검은색, 입고 있는 옷들의 흐릿한 검은색, 영구차의 니스 칠한 검은색이 자아내는 단조로운 이 검은색들 사이에서 잠시 길을 잃은 듯했다. 햇빛, 가죽 냄새와 영구차의 말똥 냄새, 니스 칠 냄새와 향냄새, 잠을 못 잔 하룻밤의 피로, 이 모든 것이 내 시선과 생각을 어지럽히고 있었다. 나는 다시 한 번 뒤돌아보았다. 구름처럼 드리운 무더운 공기 속으로 페레가 까마득하게 멀리 나타나 보이더니 그 다음에는 더 이상 보이지 않았다. 눈여겨 찾아보았더니 그가 길을 벗어나 벌판을 건너는 것이 보였다. 또한 나는, 내 앞쪽의 길이 구부러져 있다는 것을 알아차렸다. 나는 페레가 그 지방을 잘 알고 있어서 우리를 따라잡으려고 지름길을 택한 것임을 알았다. 길이 구부러진 곳에 이르자, 그는 우리들과 다시 만나게 되었다. 그리고는 또 그가 보이지 않았다. 그는 다시 벌판을 가로질러 갔고, 그렇게 여러 차례 되풀이되었다. 나는 관자놀이에서 피가 뛰는 것을 느꼈다.

그 다음에는 모든 것이 너무도 신속하고 확실하고 자연스럽게 지나버려서, 나는 더 이상 아무것도 기억하지 못한다. 다만 한 가지가 기억에 남는데, 그것은 마을 입구에서 담당 간호사가 나에게 말을 했다는 것이다. 그녀의 목소리는 얼굴과는 어울리지 않는 독특한 목소리, 듣기 좋고 떨림이 있는 목소리였다. 그녀가 내게 말했다. "천천히 가면 일사병에 걸릴 우려가 있어요. 하지만 너무 빨리 가면 땀을 흘리게 되고, 성당 안에 들어가면 오한이 든답니다." 그녀가 옳았다. 방법은 없었다. 나는 그날의 몇 가지 이미지들을 아직도 간직하고 있었다. 예를 들면 마을 근처에서 마지막으로 우리들을 따라잡을 때 페레의 그 얼굴이 그렇다. 무기력함과 힘겨움이 깃든 굵은 눈물이 그의 뺨 위에 번득이고 있었다. 하지만 주름살 때문에 굵은 눈물은 흘러내리지 않았다. 굵은 눈물은 그 일그러진 얼굴 위에 퍼졌다가 한데 모였다가 하며 니스 칠을 해놓은 듯 번들거렸다. 그리고 또 성당과 보도 위에 서 있던 마을 사람들, 묘지의 무덤들 위에 놓인 제라늄 꽃들, 페레의 기절(무슨 꼭두각시가 해체되어 쓰러지듯 했다), 엄마의 관 위로 굴러 떨어지던 핏빛 흙, 그 흙에 섞여든 나무뿌리의 하얀 살, 또 사람들, 목소리, 한 카페 앞에서의 기다림, 끊임없이 부릉거리는 엔진 소리가 그렇고, 마침내 버스가 알제의 빛의 둥지 속으로 들어왔을 때의, 그렇게 해서 자리에 누워 열두 시간 동안 잘 거라고 생각했을 때의 나의 기쁨이 그렇다.

2

잠에서 깨어나면서, 나는 사장에게 휴가를 이틀 신청했었을 때 왜 그가 못마땅한 표정이었는지를 알았다. 오늘이 토요일인 것이다. 말하자면 나는 그것을 잊고 있었으나, 일어나면서 그 생각이 떠올랐다. 당연히 사장은 내가 그렇게 일요일까지 나흘의 휴가를 갖게 될 것이라고 생각했고, 그것이 그의 마음에 들 수가 없었다. 하지만 한편으론, 오늘이 아니라 어제 엄마의 장례를 치렀다 한들 그것이 내 잘못은 아니고, 다른 한편으론 어차피 나는 토요일과 일요일을 쉴 것이었다. 물론 어찌되었든 사장을 이해할 수 없는 것도 아니다.

어제 하루가 피곤했기 때문에 일어나기가 힘들긴 했다. 면도를 하는 동안 무엇을 할까 생각했고 결국 수영을 하러 가기로 결정했다. 전차를 탔고 항구의 해수욕장으로 갔다. 거기서 나는 물로 뛰어들었다. 젊은이들이 많았다. 물속에서 마리 카르도나를 알아보았는데, 예전에 같은 사무실에서 일하던 타이피스트로 당시 나는 그녀에게 욕망을 느끼고 있었다. 그녀도 그랬다고 나는 생각한다. 하지만 얼마 후 그녀가 회사를 떠났기에 우리는 그럴 시간이 없었다. 나는 그녀가 부표 위로 오르는 것을 도와주었는데, 그 와중에 그녀의 젖가슴을 손으로 가볍게 건드렸다. 나는 여전히 물속에 있는데 그녀는 이미 부표 위에 엎드려 있었다. 그녀가 내 쪽으로 몸을 돌렸다. 머리카락이 눈 위로 흘러내린 채 그녀는 웃고 있었다. 나는 그녀 옆의 부표 위로 기어올랐다. 기분이 좋았고, 나는 장난을 하는 듯 머리를 뒤로 밀어 그녀의 배 위에다 놓았다. 그녀가 아무 말도 하지 않기에, 나는 그렇게 하고 있었다. 두 눈 가득히 온 하늘이 들어왔고, 하늘은 푸르고 금빛이었다. 나는 목덜미 아래에서 마리의 배가 부드럽게 오르내리는 것을 느끼고 있었다. 우리는 반쯤 잠든 채 오랫동안 부표위에 있었다. 햇볕이 너무 뜨거워지자 그녀가 물속으로 뛰어들었고 나도 그녀를 따라 뛰어들었다. 나는 그녀를 따라잡았고, 그녀의 허리 주위에 손을 댔고 우리는 함께 헤엄쳤다. 그녀는 줄곧 웃었다. 둑 위에서 우리 몸을 말리고 있는 동안 그녀가 내게 말했다. "당신보다 내 피부가 더 그을렸어요." 나는 저녁에 영화를 보러 가고 싶은지 물어보았다. 마리는 여전히 웃었고, 페르낭델이 나오는 영화를 보고 싶다고 말했다. 우리가 옷을 다시 입었을 때, 내가 검은 넥타이를 매고 있는 것을 보고 마리가 매우 놀란 표정을 하며, 상중이냐고 물었다. 나는 엄마가 죽었다고 말했다. 언제부터 상중인지를 그녀가 알고 싶어 했기 때문에, 나는 "어제부터."

라고 대답했다. 그녀는 약간 뒤로 물러섰지만, 아무런 질책도 하지 않았다. 나는 그녀에게 그건 내 탓이 아니라고 말하고 싶었지만, 내가 이미 그런 말을 사장에게 했던 것이 생각났기 때문에 그만두었다. 그건 아무런 의미가 없었다. 어쨌든 사람들은 늘 약간씩 잘못을 저지른다.

저녁때 마리는 다 잊어버렸다. 영화는 때때로 우습기도 했지만 정말이지 너무나 터무니없었다. 그녀는 자신의 다리를 내 다리에다 댔다. 나는 그녀의 젖가슴을 어루만졌다. 영화가 끝날 무렵 그녀에게 키스를 했는데 서툴렀다. 영화관을 나와 그녀는 내 집으로 왔다.

내가 잠에서 깨어났을 때, 마리는 가고 없었다. 그녀는 숙모 댁에 가야 한다고 말했었다. 일요일이라는 것을 생각했고, 나는 따분했다. 난 일요일을 좋아하지 않는다. 그래서 나는 침대로 돌아가서, 긴 베개 속에서 마리의 머리카락이 남긴 소금 냄새를 찾았고 열 시까지 자버렸다. 그러고는 여전히 침대에 누운 채 열두 시까지 담배 여러 대 피웠다. 나는 평소처럼 셀레스트네 식당에 가서 점심을 먹고 싶지는 않았는데, 왜냐하면 분명 그들이 질문들을 할 텐데 나는 그게 싫다. 나는 계란 몇 개를 익혀서, 빵도 더 이상 없었을 뿐더러 사러 내려가기 싫었기 때문에, 접시에 있는 계란을 입을 대서 먹어버렸다.

점심을 먹고 나서 나는 약간 지루해졌고, 그래서 아파트 안을 서성거렸다. 엄마가 있었을 때는 적당한 아파트였다. 지금의 아파트는 내게 너무 커서 부엌의 식탁을 내 방으로 가져다 놓을 수밖에 없었다. 나는 이 방에서만, 약간 내려앉은 의자들과, 거울이 누렇게 변색된 옷장과 화장대와 그리고 구리 침대 사이에서만 살고 있을 뿐이다. 나머지는 내버려두고 있다. 잠시 후 나는 무엇인가라도 하려고 오래된 신문을 한 장 들고 읽었다. 거기서 크뤼셴 소금 광고를 오려서, 신문에 난 재미있는 것들을 모아두는 낡은 공책에 붙였다. 나는 손도 씻었고 결국 발코니로 나갔다.

내 방은 이 외곽 지대의 중심로를 향해 있다. 오후 날씨는 좋았다. 그렇지만 보도는 미끄러웠고, 지나는 사람들은 드물었고 바쁘게 지나갔다. 우선 산책 가는 가족들이 지나갔는데, 바지가 무릎 밑까지 내려오는 해군복 차림으로, 풀기가 센 뻣뻣한 옷 속에서 거북해 보이는 사내아이 둘과 커다란 분홍색 리본을 달고 반짝이는 검은 구두를 신은 여자아이 하나였다. 아이들 뒤로 밤색 실크 원피스를 입은 엄청나게 뚱뚱한 어머니와, 키가 작고 비쩍 마른 사나이로, 얼굴만은 나도 알고 있는 아버지가 뒤따르고 있었다. 그는 밀짚모자를 쓰고, 나비넥타이를 매고 손에는 지팡이를 들고 있었다. 그의 아내와 함께 있는 그 남자를 보면서, 나는 왜 이 동네사람들이 그를 두고 점잖은 사람이라고 하는지 이해했다. 조금 더 시간이 흐른 뒤에는 이 외곽 지대의 젊은이들이 지나갔는데, 그들은 머리에 기름을 발랐고, 붉은 넥타이에 허리가 몹시 잘록하게 들어간 상의를 입었고, 수놓은 장식손수건을 꽂고, 코가 네모진 구두를 신은 차림이었다. 나는 그들이 시내로 영화 구경을 가는 것이라고 생각했다. 그렇기 때문에 그들은 이처럼 일찍 나서서 큰소리로 웃어대면서 전차를 타러 서두르는 것이었다.

그들이 지나간 뒤, 거리에는 점점 발길이 끊어졌다. 내 생각으로는 아마 여기저기서 구경거리들이 시작된 모양이었다. 이제 거리에는 상점 주인들과 고양이들뿐이었다. 하늘은 맑았지만, 길가에 늘어선 무화과나무들 위로 햇살은 눈부시지 않았다. 맞은편보도 위에다, 담배 가게 주인이 의자 하나를 꺼내 문 앞에 내다놓고, 등받이 위에 두 팔을 고인 채 걸터앉았다. 조금 전까지도 만원이던 전차들은 거의 비어 있었다. 담배 가게 옆의 조그만 카페 '피에로네'에서는 종업원이 텅 빈 홀에 톱밥을 뿌려서 쓸고 있었다. 정말이지 일요일이었다.

나는 의자를 돌려서 담배 가게 주인의 의자처럼 놓았는데, 그것이 더 편하다고 생각했기 때문이다. 나는 담배를 두 대 피웠고, 방 안으로 들어가 초콜릿을 한 조각 가지고, 다시 창가로 와서 먹었다. 조금 지나서 하늘이 어두워졌고, 나는 여름 소나기가 오려나하고 생각했다. 하지만 하늘은 점차 다시 개었다. 그러나 구름이 지나가면서 비를 예고하듯이 거리를 한층 더 어둑하게 만들었다. 나는 하늘을 보느라 오랫동안 그 자리에 있었다.

다섯 시에 전차들이 소리를 내며 도착했다. 교외의 경기장으로부터, 발판이며 난간에까지 다닥다닥 매달린 구경꾼들을 다시 싣고 오는 것이었다. 그 다음 전차들은 선수들을 싣고 왔는데, 손에 든 작은 가방으로 그들이 선수임을 짐작할 수 있었다. 그들은 자기네 클럽은 결코 사라지지 않을 것이라고 목이 터지도록 고함치고 노래를 불렀다. 여러 선수들이 나에게 손짓을 했다. 한 선수는, "우리가 이겼어."라고 내게 소리치기까지 했다. 그래서 나는 머리를 끄덕여, '그래.'라고 했다. 그때부터 자동차들이 몰려오기 시작했다.

낮 동안의 시간이 조금 더 흘렀다. 지붕들 위로 하늘은 불그스름하게 되고, 저녁이 되면서 길거리들은 활기를 띠었다. 산책 갔던 사람들이 차츰 돌아오고 있었다. 사람들 속에 섞인, 그 점잖다는 사람이 눈에 띄었다. 아이들은 울거나 또는 손목을 잡힌 채 끌려오고 있었다. 그와 거의 동시에 동네의 영화관들이 관객들의 물결을 길에 쏟아놓았다. 관객들 가운데 젊은이들이 여느 때보다 더 단호한 몸짓을 하고 있었는데, 나는 그들이 모험 영화를 구경하고 나오는 것이라고 생각했다. 시내의 영화관에서 돌아오는 사람들은 좀 더 나중에 도착했다. 그들은 더 심각해 보였다. 여전히 웃고는 있었으나, 이따금 그들은 피로해 보였고 몽상에 잠겨 있는 듯했다. 그들은 맞은쪽 인도 위에 남아 왔다 갔다 했다. 동네의 젊은 처녀들이 머리에 아무것도 쓰지 않은 채 서로 팔짱을 끼고 있었다. 청년들이 처녀들 옆을 지나쳐 가면서 농담을 걸자 처녀들은 고개를 돌리고 웃어댔다. 처녀들 중 내가 아는 몇 명은 나에게 손짓을 했다.

그때 갑자기 거리의 가로등이 켜졌고, 가로등 불빛은 밤하늘에 떠오르던 초저녁 별들을 희미하게 했다. 사람들과 가로등 불빛이 가득한 보도를 바라보고 있자니, 나는 눈이 피로해지는 것을 느꼈다. 가로등은 젖은 보도를 비추고, 일정한 간격을 두고 지나가는 전차들은, 빛나는 머리칼, 웃음을 띤 얼굴, 혹은 은팔찌 위에 그림자를 만들곤 했다. 얼마 후 전차들이 점점 뜸해지고, 벌써 캄캄해진 밤이 나무들과 가로등 위에 내려앉게 되면서 동네는 어느 틈엔가 인기척이 없어지고, 마침내 다시 인적이 없는 길을 고양이가 천천히 가로질러 갔다. 그때에야 나는 저녁을 먹어야겠다고 생각했다. 오랫동안 의자 등받이에 턱을 괴고 있었기 때문에 목이 좀 아팠다. 나는 내려가 빵과 파스타를 사와, 요리를 했고 선 채로 먹었다. 창가에서 담배를 한 대 피우고 싶었지만, 공기가 선선해져서 좀 추웠다. 나는 창문을 닫았고, 방 안으로 돌아오다가 거울 속에 비친 식탁 한 끝 부분이 눈에 들어왔는데, 알코올램프와 빵조각이 나란히 놓여 있었다. 그때 나는 여느 때와 마찬가지 일요일이었다고, 엄마는 이제 땅에 묻혔다고, 내가 다시 직장에 나아야 할 것이라고, 그러니 결국 달라진 것은 아무것도 없다고 생각했다.

3

오늘 나는 사무실에서 일을 많이 했다. 사장은 친절하게 대해주었다. 그는 나에게 너무 피곤하지 않았는지 물었고, 그는 엄마의 나이 역시 알고 싶어 했다. 나는 틀리게 대답하지 않으려고, "육십 대"라고 말했는데, 이유는 알 수 없지만 사장은 안심한 듯한, 그건 이미 끝이 난 일이었다고 여기는 듯한 표정이었다.

　내 책상 위에는 선하증권이 한 무더기 쌓여 있었는데, 나는 그 모든 걸 하나하나 들춰보아야만 했다. 점심을 먹으러 사무실을 나오기 전에 나는 손을 씻었다. 한낮, 나는 이때를 아주 좋아한다. 저녁때에는 사람들이 사용하는 두루마리 수건이 완전히 젖어 있기 때문에 손을 닦는 것이 그리 기분이 좋지 않다. 수건이 하루 종일 사용된 것이기 때문이다. 언젠가 나는 사장에게 그 점을 지적한 적이 있었다. 사장은 자기도 그것을 유감스럽게 생각하지만, 그건 어쨌든 중요하지 않은 사소한 것이라고 내게 대답했다. 나는 조금 늦은 열두 시 반에, 발송부에서 일하는 에마뉘엘과 함께 밖으로 나왔다. 사무실이 바다로 향하고 있어서, 우리는 태양이 작열하는 항구의 화물선들을 바라보느라 잠시 정신이 팔려 있었다. 바로 그때 화물차 한 대가 쇠사슬 소리와 폭발음을 요란스럽게 내면서 도착했다. 에마뉘엘이 나에게, "저걸 탈까?"라고 묻자 나는 달리기 시작했다. 화물차가 우리 앞을 지나갔고, 우리는 뒤를 쫓아 몸을 날렸다. 나는 소음과 먼지 속에 빠져 버렸다. 내 눈에는 아무것도 보이지 않았고, 다만 기중기와 기계들, 수평선 위에서 춤추는 돛대들, 우리와 나란히 늘어서 있는 선박들 틈에서 그저 마구 달리고 싶은 걷잡을 수 없는 약동만을 느낄 뿐이었다. 내가 먼저 달리는 차에 발을 붙여 매달려 가면서 뛰어올랐다. 그리고 에마뉘엘이 앉는 것을 도와주었다. 우리는 숨이 턱 끝에 닿아 있었고, 화물차는 부두의 고르지 못한 포도 위로, 먼지가 자욱한 햇빛 속을 덜컥거리며 달렸다. 에마뉘엘은 숨이 넘어갈듯 웃어댔다.

우리는 땀에 흠뻑 젖은 채 셀레스트네 식당에 도착했다. 그는 여느 때처럼 뚱뚱한 배에다 앞치마를 두르고 하얀 콧수염을 기른 채 그곳에 있었다. 그는 나에게, "어때, 지낼 만해"라고 물었다. 나는 그렇다고, 배가 고프다고 말했다. 나는 아주 빨리 먹고 나서 커피를 마셨다. 그러고 나서 집으로 돌아와, 잠을 좀 잤는데, 포도주를 너무 많이 마셨기 때문이었고, 잠에서 깨자 담배가 피우고 싶었다. 늦었기 때문에 전차를 타러 뛰어갔다. 나는 오후에 내내 일을 했다. 사무실 안은 몹시 더웠고, 저녁에 퇴근해 부둣가를 천천히 걸어 돌아간다는 것이 나는 행복했다. 하늘은 초록빛이 었고 나는 만족감을 느꼈다. 그래도 삶은 감자요리를 해먹고 싶 었기 때문에 나는 곧장 집으로 돌아왔다.

어두운 계단을 올라가다가, 나와 같은 층의 이웃인 살라마노 영감과 부딪혔다. 그는 개와 함께 있었다. 둘이 함께 있는 것을 사람들이 본 것이 팔년 전이다. 그 스패니얼 개는 피부병을 앓고 있는데, 내가 알기로는 습진으로 털이 거의 다 빠지고 온몸이 반 점과 갈색의 딱지투성이가 되어 있다. 개와 단둘이 조그만 방에 서 오랫동안 살아온 나머지, 살라마노 영감은 마침내 개의 모습 을 닮고 말았다. 그의 얼굴에는 불그스름한 딱지가 있고, 수염도 누렇고 드문드문하다. 개도 주인의 구부정한 자세를 닮았고, 주 둥이를 앞으로 내밀고 목을 뻣뻣하게 뻗고 있었다. 그들은 아무 래도 동일한 종족 같은데도 불구하고 서로 미워한다. 하루에 두 번씩, 열한 시와 여섯 시에 영감은 개를 데리고 나가 산책시킨다. 팔년 전부터 그들은 한 번도 산책 코스를 바꾼 적이 없다. 리옹 가를 따라가는 그들을 볼 수 있는데, 개가 영감을 끌고 가다가는 기어코 살라마노 영감의 발끝이 무엇에 걸려버리고 만다. 그러 면 영감은 개를 때리고 욕지거리를 한다. 개는 무서워서 설설 기 며 끌려간다. 이번에는 영감이 개를 끌고 갈 차례다. 개가 그것을 잊어버리고 다시금 앞서서 주인을 끌어당기면 또 매를 맞고 욕 을 먹는다. 그렇게 되면, 둘이 다 멈춰 서서는 서로 노려보는데, 개는 공포에 떠는 눈빛, 주인은 증오에 불타는 눈빛이다. 매일 그 모양이다. 개가 오줌을 싸고 싶어 해도, 영감은 그럴 시간을 주지 않고 끌어당기니까, 스패니얼 개는 오줌 방울을 찔끔찔끔 흘리면서 따라간다. 어쩌다가 개가 방 안에서 오줌을 싸면 또 얻어맞는다. 이런 일이 벌써 팔년이나 계속되고 있다. 셀레스트는 늘 "불행한 일이야"라고 말하지만, 사실인즉 아무도 알 수 없는 일이다. 내가 계단에서 살라마노 영감을 만났을 때, 그는 개에게 욕지거리를 해대던 중이었다. 그가 "개자식! 썩을 놈!"이라고 하자, 개는 끙끙거리고 있었다. 내가 "안녕하세요."라고 인사를 했지만, 영감은 그냥 욕지거리를 계속하고 있었다. 그래서 나는 개가 무슨 잘못을 저질렀느냐고 물었다. 그는 대답이 없었다. 영감은 다만, "개자식! 썩을 놈!"이라고 말할 뿐이었다. 나는 그가 개에게로 몸을 숙이고 목줄의 무엇인가를 고쳐주고 있다는 것을 짐작할 수 있었다. 나는 좀 더 크게 말했다. 그러자 그는 고개도 돌리지 않고, 북받치는 역정을 억지로 삼켜버리듯이, "저놈이 여태이러고 있네."라고 내게 대꾸하였다. 그러고는 개를 잡아끌고 가버렸는데, 개는 네 발로 버틴 채 끌려가면서 끙끙거리고 있었다.

바로 그때, 나와 같은 층에 사는 두 번째 이웃이 들어왔다. 동네에서는 그가 여자들을 등쳐먹고 산다고들 한다. 그렇지만 그에게 직업이 무어냐고 물어보면, 그는 '창고 관리인'이라고 대답한다. 대체로 그를 좋아하는 사람은 거의 없다. 하지만 그는 자주 내게 말도 걸고, 이따금 내 방에 잠시 들르는데, 내가 그의 말을 들어주기 때문이다. 나는 그의 이야기가 재미있다고 생각한다. 게다가 나는 그와 말을 하지 않을 아무런 이유도 없다. 그의 이름은 레이몽 생테스이다. 그는 키가 꽤 작고 넓은 어깨와 권투 선수 같은 코를 가졌다. 옷차림은 언제나 매우 반듯하다. 그도 역시 살라마노의 이야기를 하며, "참 불행한 일이 아닌가!"라고 말했다. 그 꼴을 보면 진저리가 나지 않느냐고 묻기에, 나는 아니라고 대답했다.

우리는 계단을 올라갔고 막 헤어지려 할 때 그가 나에게 말했다. "집에 순대와 포도주가 있는데, 같이 드시지 않겠어요……?" 나는 그러면 요리를 하지 않아도 될 것이라고 생각해서 응낙했다. 그 역시도 창문이 없고 부엌이 딸린 방 하나밖에 없다. 그의 침대 위쪽에는 흰색과 장미색 석회로 만든 천사상과 챔피언들의 사진들과 두세 장의 여자 나체 사진이 있다. 방은 더러웠고 침대는 어질러져 있었다. 그는 우선 석유램프를 켠 다음, 주머니에서 꽤 지저분한 붕대를 꺼내서 오른손에 감았다. 내가 그에게 무슨 일이 있었냐고 물었다. 그는 시비를 걸어오던 어떤 녀석과 싸움을 했었다고 대답했다.

"당신은 이해할 겁니다, 뫼르소 씨."라고 그가 나에게 말했다. "그건 내가 나쁜 놈이라서가 아니라 참지 못하는 성격이기 때문이라서 그래요. 그 녀석이 이렇게 말했어요. '사내라면 전차에서 내려라.' 나는 '이봐, 가만 좀 있지.'라고 말했지요. 그 녀석이 나더러 사내가 아니라고 하더군요. 그래서 내가 내려가 녀석에게 말했어요. '그만해두는 게 좋을 거야. 그렇지 않으면 본때를 보여주겠어.' '뭐라는 거야?'라고 녀석이 대꾸를 하더군요. 그래서 한 대 갈겼지요. 녀석이 자빠졌어요. 난 말이죠, 녀석을 일으켜주려고 했어요. 한데 녀석이 땅에 자빠진 채 발길질을 하는 거예요. 그래서 무릎으로 한 대 각목으로 두 대를 먹였어요. 녀석의 얼굴은 피투성이가 됐지요. 내가 그 녀석에게 이제 알겠냐고 물었어요. 녀석이 '그래.'라고 하더군요."

그런 말을 하는 내내, 생테스는 줄곧 붕대를 만지작거리고 있었다. 나는 침대 위에 앉아 있었다. 그는 다시 말을 이었다. "알다시피 내가 싸움을 건 게 아니었어요. 그 녀석이 버릇없이 굴었던 겁니다." 그것은 사실이었고, 나는 그렇다고 인정했다. 그러자 그는 마침 나에게 이 사건에 관해 충고를 구하고 싶었다고 말하면서, 내가 사나이다운 데다 세상 물정을 잘 알 테니 자기를 도와줄 수 있을 거라며, 그래준다면 자기는 나의 친구가 되겠다고 말했다. 나는 아무런 대답도 하지 않았고, 그는 다시 나에게 자기와 친구가 되고 싶으냐고 물었다. 내가 그래도 별 상관이 없다고 말했더니 그는 만족한 표정이었다. 그는 순대를 꺼내서 프라이팬에 익히고는 잔, 접시, 포크와 포도주 두 병을 늘어놓았다. 그러는 동안 그는 아무 말도 없었다. 그러고 나서 우리는 자리를 잡고 앉았다. 먹으면서 그는 자기 이야기를 시작했다. 그는 처음엔 약간 망설였다. "어떤 여자를 알게 되었는데요…… 이를테면 내 정부였어요." 그와 싸움을 한 사내는 그 여자의 오빠였다. 그는 여자의 살림을 자신이 꾸려주었다는 말도 했다. 나는 아무런 대답도 하지 않았는데 그는 곧 덧붙여, 동네 사람들이 자기를 뭐라고들 말하는지 알고 있지만, 자기는 양심에 거리낄 것은 조금도 없고 창고 관리인이라고 말했다.

"내 얘기로 돌아가자면"이라고 그는 말했다. "내가 속고 있었다는 사실을 알게 되었어요." 그는 여자에게 꼭 먹고살 만큼만 대주고 있었다. 그는 직접 여자의 월세를 치러주고, 식비로 하루에 이십 프랑씩 주고 있었다. "방세가 삼백 프랑, 식비가 육백 프랑, 이따금 양말 몇 켤레도 사주고, 그래서 한 천 프랑 들었습니다. 그런데 그 여자는 귀부인처럼 일도 하지 않았어요. 내게 한다는 소리가, 그것으로써는 겨우 입에 풀칠이나 할 수 있을 뿐이어서, 내가 대주는 것으로는 도저히 생활을 할 수가 없다는 것이었어요. 그렇지만 나는 이렇게 말했어요. '왜 반나절만이라도 일을 안 하는 거야? 그러면 온갖 자잘한 것들에 들어가는 비용 부담이 훨씬 덜어지겠는데 말이야. 이달에 옷을 한 벌 사주었고, 하루에 이십 프랑씩 용돈도 주고, 방세도 치러주는데, 넌 말이야, 오후에 여자 친구들과 커피나 마시지. 그 친구들에게 커피와 설탕을 내놓는 건 너지만, 돈은 내가 내지. 난 네게 잘해주었는데, 넌 내게 제대로 보답을 하고 있질 않아.' 그래도 그 여자는 일은 하지 않았고, 늘 생활할 수가 없다는 소리만 해대는 거였어요. 그러다가 내가 속고 있었다는 사실을 알게 된 것입니다."

그는 여자의 가방에서 복권 한 장을 발견했는데, 여자는 그것을 어떻게 샀는지 설명하지를 못했다는 이야기를 했다. 얼마 뒤에 그는 여자 집에서 팔찌 두 개를 저당 잡혔다는 '증거물'로 전표를 한 장 발견했었다. 그때까지 그는 그 팔찌들이 있는 줄도 모르고 있었다. "나는 속고 있었다는 것을 확실히 알았어요. 그래서 그년을 떠났어요. 하지만 먼저 그년을 두들겨 패주었지요. 그리고 그년의 속내를 전부 이야기를 했습니다. 네까짓 건 그걸 가지고 노는 것밖엔 바라지 않는 년이라고 말해주었지요. 뫼르소 씨, 내가 그년에게 한 말을 들으면 이해할 겁니다. '내가 너한테 주는 행복을 세상 사람들이 부러워하고 있다는 걸 넌 모르고 있어. 좀 있으면 지난날의 행복을 알게 될 테니, 두고 봐.'라고 말했답니다."

그는 피가 나도록 그 여자를 때렸다. 그전에는 그 여자를 때린 일이 없었다. "손찌검은 했지만 살살 했던 셈이지요. 그러면 그년은 소리를 지르곤 했었지요. 나는 덧문을 닫아버리고 결국은 늘 마찬가지로 끝나버리곤 했어요. 그렇지만 이번엔 본격적이었습니다. 그런데 나로서는 그년에게 벌을 속 시원하게 다 주지 못했거든요."

그러더니 그는 나에게, 그 일 때문에 충고가 필요한 것이라고 설명했다. 그는 말을 멈추고 그을음이 나는 램프의 심지를 조절했다. 나는 줄곧 그의 이야기를 듣고 있었다. 포도주를 거의 일리터 가량 마셨기 때문에 관자놀이가 몹시 달아올랐다. 내 담배가 떨어져서 나는 레이몽의 담배를 피우고 있었다. 마지막 전차들이 지나가며, 지금은 아득하게 들리는 변두리의 소리를 실어가고 있었다. 레이몽은 이야기를 계속했다. 난처한 일은, '아직은 그녀와의 성교에 약간 미련을 갖고 있다는 것'이었다. 그렇지만 그는 그 여자를 혼내주고 싶어 했다. 먼저 그는 계집을 호텔로 데려다 놓고, '풍기단속반'을 불러다가 스캔들을 일으켜서 계집을 기록대장에 오르게 할 생각을 했었다. 이어서 그는 뒷골목 사회의 친구들에게 이야기를 해봤지만, 그들은 아무것도 찾아내지 못했다. 사실 레이몽이 나에게 지적했던 것처럼, 뒷골목 사회에 속할 만한 가치가 있었다. 그가 그런 말을 그들에게 했고, 그들은 여자에게 '낙인'을 찍어버리면 어떠냐고 제안했었다. 하지만 그것은 그가 원하는 게 아니었다. 그는 좀 더 생각해보려고 했다. 그 전에 그는 내게 뭔가를 묻고 싶은 것이 있었다. 게다가 내게 그것을 물어보기 전에, 내가 그 이야기를 어떻게 생각하는지 알고 싶어 했다. 나는, 별로 생각하는 바도 없지만, 재미있는 이야기라고 대답했다. 그가 속임수가 있었다고 생각하는지 물었고, 내가 보기엔 분명 속임수가 있었던 것 같아 보였다. 그 여자를 혼을 내주어야 한다고 생각하느냐고, 그리고 자기 입장이라면 어떻게 하겠느냐고 물었고, 나는 누구도 결코 알 수 없는 일이라고 그에게 대답했지만, 나는 그가 여자를 혼내주겠다는 기분은 이해할 수 있었다. 나는 또 포도주를 약간 마셨다. 그는 담배에 불을 붙이고 나서 자기의 생각을 털어놓았다. 그는 여자에게 '차버린다는 것과 동시에 그년이 후회하게 만들 만한 거리를 담은' 편지를 보내고 싶어 했다. 그러고 나서 그 여자가 돌아오기라도 하면, 그는 여자와 함께 잠자리에 들고는 '끝나는 바로 그 순간' 그 여자의 얼굴에다 침을 뱉어주고는 밖으로 내쫓아버릴 생각이었다. 나는 실제로 그 정도면 여자가 응징을 당하게 되는 것이라고 생각했다. 하지만 레이몽은 자기는 적절한 편지를 쓸 수가 없을 것 같아서, 편지 내용을 작성하는 일을 나에게 부탁할까 생각했다고 말했다. 내가 아무 대답도 하지 않고 있으려니까 그는 나에게, 지금 당장 그 편지를 쓰는 것은 귀찮겠느냐고 물었고 나는 아니라고 대답했다.

그러자 그는 포도주를 한 잔 마시고 일어섰다. 그는 접시들과 우리가 먹다 남긴 차가운 순대 조각을 옆으로 밀어놓았다. 그러더니 식탁의 방수포를 정성스럽게 닦았다. 그러고는 침대 머리말 탁자 서랍에서 방안지 한 장과, 노란 봉투와, 붉은 나무로 된 작은 펜대와 보랏빛 잉크가 든 네모난 병을 꺼냈다. 그가 여자의 이름을 내게 말했을 때, 나는 무어 여자라는 것을 알았다. 나는 편지를 썼다. 약간은 그냥 되는 대로 쓰기는 했지만, 그래도 레이몽의 마음에 들도록 힘썼는데, 내게는 레이몽의 마음을 만족시켜주지 않을 아무런 이유도 없었기 때문이었다. 그리고 나는 큰 소리로 편지를 읽었다. 그는 담배를 피우며 끄덕거리면서 듣고 있더니, 다시 한 번 더 읽어 달라고 했다. 그는 매우 마음에 들어 했다. "나는 네가 세상물정에 밝다는 것을 알고 있었어."라고 그가 말했다. 처음엔 그가 나에게 반말을 하고 있다는 것을 알아차리지 못했으나, "이제 넌 진짜 친구야."라고 그가 말했을 때에야 나는 비로소 그 말에 놀랐다. 그는 거듭 그렇게 말했고, 나도 역시 "그래."라고 대답했다. 그의 친구가 된다 해도 내겐 마찬가지였고, 그는 정말로 나와 친구가 되고 싶은 모양이었다. 그가 편지를 봉했고, 우리는 남은 포도주를 마저 마셨다. 그러고는 잠시 서로 말없이 담배만 피웠다. 밖은 온통 고요했고, 우리는 지나가는 자동차의 미끄러지는 소리를 들었다. "늦었네."라고 나는 말했다. 레이몽 생각도 그랬다. 그는 시간이 빨리 간다고 말했는데, 어떤 의미로는 그건 사실이었다. 나는 졸렸지만, 일어서기가 힘들었다. 내가 피곤하게 보였던 것 같았다. 왜냐하면 레이몽이 내게 낙담해서는 안 된다고 말했기 때문이었다. 처음엔 무슨 말인지 알아차리지 못했다. 그러자 그는 나에게 엄마의 사망 소식을 들었다고 하면서, 그러나 그것은 어차피 한 번은 당해야 할 일이라고 설명을 했다. 내 의견도 마찬가지였다.

나는 일어섰고, 레이몽은 굳게 나의 손을 움켜쥐면서, 사나이들끼리는 늘 통하는 법이라고 말했다. 그의 방을 나서자 나는 문을 닫고 어둠 속의 층계참에 잠시 서 있었다. 건물 안은 고요했고, 계단 골 깊숙한 곳으로부터 으스스하고 습한 바람이 올라오고 있었다. 귓전에 맥박이 뛰는 소리밖에는 아무 소리도 들리지 않았다. 나는 꼼짝하지 않고 서 있었다. 살라마노 영감의 방에서 개가 나직이 끙끙거리고 있었다.

4

나는 일주일 내내 열심히 일했고, 레이몽이 와서 편지를 보냈다고 말했다. 에마뉘엘과 함께 영화를 보러 두 번 갔었는데, 그는 스크린 위에서 일어나는 이야기가 무엇인지 언제나 이해 못한다. 그러면 설명을 해주어야 한다. 어제는 토요일이었고, 약속했던 대로 마리가 왔었다. 나는 그녀에게 몹시 욕정을 느꼈는데, 그녀가 붉고 흰 줄무늬가 있는 아름다운 옷을 입고 가죽 샌들을 신고 있었기 때문이었다. 탄력 있어 보이는 젖가슴이 완연히 드러나 보이고, 햇볕에 그을어 갈색이 된 얼굴이 꽃처럼 보였다. 우리는 버스를 탔고 알제에서 몇 킬로미터 떨어진 곳에 있는 바닷가로 갔는데, 그곳은 바위로 둘러싸여 있었으며 육지와 닿는 쪽으로는 갈대가 자라고 있었다. 네 시의 태양은 그다지 뜨겁지는 않았지만, 물은 미지근했고, 길게 퍼진 작은 물결이 나른하게 넘실거리고 있었다. 마리가 놀이를 한 가지 가르쳐주었다. 헤엄을 치며 물결 등성이에서 물을 들이마신 다음 입 속에 거품을 가득 채

운 다음 반듯이 누워서 하늘을 향하여 그것을 내뿜는 것이었다. 그러면 물거품 레이스가 되어서 공중으로 사라지기도 하고 미지근한 빗방울처럼 내 얼굴 위로 떨어지기도 하는 것이었다. 그러나 잠시 후에 내 입속이 짠 소금기 때문에 얼얼하였다. 그러자 마리가 다가와 물속에서 나에게 꼭 달라붙었다. 그녀는 자기의 입술을 나의 입에 갖다 대었다. 그녀의 혀가 나의 입술에 산뜻하게 닿았고, 잠시 동안 우리는 파도 속에서 뒹굴었다.

바닷가로 나와서 옷을 갈아입을 때, 마리는 빛나는 눈길로 나를 바라보았다. 나는 그녀에게 키스를 해주었다. 그때부터 우리는 아무 말도 하지 않았다. 나는 그녀를 꼭 껴안았고 급히 버스를 타고 돌아왔고 우리는 방 안으로 들어서자 곧장 침대 속으로 몸을 던졌다. 나는 창문을 열어두었는데 여름밤이 우리의 갈색으로 그을린 몸 위로 흘러 들어오는 것을 느낄 수 있어 참으로 상쾌했다.

오늘 아침엔 마리가 가지 않고 있고, 나는 점심을 같이 먹자고 했다. 나는 고기를 사러 내려갔다. 다시 올라올 때, 레이몽의 방에서 여자의 목소리가 들려왔다. 조금 뒤에서 살라마노 영감이 개를 꾸짖는 소리가 들렸고, 우리는 계단 나무 발판 위에서 구두창 소리와 개가 발톱으로 긁는 소리를 들었는데, 이윽고 "개자식, 썩을 놈!"이라는 소리가 들려왔고, 그들은 길가로 나가버렸다. 내가 영감의 이야기를 마리에게 해주었더니, 마리는 웃었다. 그녀는 내 파자마를 입고 소매를 걷어 올리고 있었다. 그녀가 웃었을 때, 나는 또 욕정을 느꼈다. 조금 뒤에 마리는 나에게 자기를 사랑하느냐고 물었다. 그런 것은 아무 의미도 없는 말이지만, 아마도 아닌 것 같다고 나는 대답했다. 마리는 슬픈 표정을 지었다. 하지만 점심을 준비하면서 아무것도 아닌 일에 그녀가 다시 웃어서 나는 그녀에게 키스를 해주었다. 바로 그때 레이몽의 방에서 말다툼 소리가 터져 나왔다.

먼저 여자의 날카로운 목소리가 들리더니 레이몽이 "니가 날 우습게 봤지. 니가 날 우습게 봤지. 내 생각이 간절해지도록 가르쳐주지."라고 말했다. 둔탁한 소리가 몇 번 났고 여자가 끔찍하게 소리를 질렀는데, 그 비명이 어찌나 날카로운지 층계참에는 곧 사람들이 가득 모여들었다. 마리와 나, 우리도 밖으로 나갔다. 여자는 계속 소리를 지르고, 레이몽은 계속 때렸다. 마리는 내게 끔찍하다고 말했고, 나는 아무 대답도 하지 않았다. 그녀는 나에게 경찰을 불러오라고 했지만, 나는 경찰들이 좋아하지 않는다고 말했다. 그런데 삼 층에 세 들어 사는 배관공과 함께 경찰 한 명이 도착했다. 그가 문을 두드리자 더 이상 아무 소리도 들리지 않았다. 그가 더 크게 두드리자, 조금 있더니 여자가 울었고, 레이몽이 문을 열었다. 그는 입에 담배를 물고 부드러운 표정을 짓고 있었다. 계집이 문으로 뛰어나와 경찰에게, 레이몽이 자기를 때렸다고 말했다. "이름이 뭐야?"라고 경찰이 물었다. 레이몽이 대답했다. "내게 말할 때는 입에서 담배 치워"라고 경찰이 말했다. 레이몽은 망설였고, 나를 쳐다보다니 담배를 빨아들였다. 그러자 경찰은 레이몽의 면상에다 힘껏 두껍고 무거운 손바닥으로 따귀를 한 대 올려붙였다. 담배가 몇 미터 떨어진 곳으로 날아갔다. 레이몽은 안색이 변했으나, 당장에는 아무 말도 하지 않다가, 이윽고 공손한 목소리로, 꽁초를 주워도 되겠냐고 물었다. 경찰은 그러라고 하면서 "하지만 다음에는 경찰이 허수아비가 아니라는 걸 알게 될 거야."라고 덧붙여 말했다. 그동안 계집은 줄곧 울면서, "저 사람이 날 때렸어요. 이놈은 포주예요."라고 몇 번이나 말했다. "경찰관님."이라 하고, 이번에는 레이몽이 "사나이에게 포주라고 말을 해도 된다는 건 법에 있습니까?"라고 물었다. 하지만 경찰은 그에게 "주둥이 닥쳐."라고 호통을 쳤다. 그러나 레이몽은 여자에게로 고개를 돌리고는, "두고 봐, 이 계집아, 또 볼게 될 거야."라고 말했다. 경찰은 레이몽에게 닥치라고 한 다음, 여자는 가도 좋고, 레이몽은 방으로 들어가서 경찰서에서 소환할 때까지 기다려야 한다고 말했다. 그는 또 레이몽에게, 그렇게 몸이 떨리도록 술에 취했으면 부끄럽게 생각해야 할 노릇이라고 말했다. 그 말을 듣자 레이몽은 설명을 했다. "경찰관님, 저는 취하지 않았습니다. 단지 경찰관님 앞에 서 있으니 떨릴 뿐이지, 별도리가 없잖습니까?" 그는 문을 닫아버렸고, 모두들 가버렸다. 마리와 나는 점심 준비를 끝마쳤다. 하지만 그녀는 배가 고프지 않아서 내가 혼자서 거의 다 먹었다. 마리는 한 시에 갔고 나는 조금 잠을 잤다.

세 시경에 문을 두드리는 소리가 나더니, 레이몽이 들어왔다.

나는 누워 있었다. 그는 내 침대 가에 앉았다. 그는 한동안 말이 없었다. 나는 그의 일이 어찌 되었는가 물었다. 그는 말하기를, 계획대로 했었는데 여자가 따귀를 때리기에 두들겨 패준 것이라고 하였다. 그 뒤의 일은 내가 본 대로였다. 내가 그에게, 이제는 여자가 혼이 났을 테니까 만족하겠다고 말했다. 그의 의견도 역시 같았고, 그리고 그는, 제아무리 경찰이 뭐라고 해보았댔자 여자가 이미 맞은 매를 어떻게 할 수는 없으리라고 했다. 그는 또 덧붙여서, 자기는 경찰들이 어떤 사람들인지를 알고 있으므로 그들을 어떻게 다루어야 하는 것인지 알고 있다고 말했다. 그러고는, 경찰이 따귀를 올려붙인 것에 자기가 응수하리라고 기대하고 있었느냐고 나에게 물었다. 나는 아무 기대도 하지 않았었다고 대답하고, 도대체 경찰들을 나는 좋아하지 않는다고 말했다. 레이몽은 매우 만족한 표정이었다. 그가 자기와 함께 나가지 않겠느냐고 물었다. 나는 일어나서 머리를 빗기 시작했다. 그는 나더러 그의 증인이 되어주어야겠다고 말했다. 나는 아무래도 상관없었지만, 무슨 말을 해야 좋을지 몰랐다. 레이몽의 말에 의하면, 계집이 그를 우습게 봤다고만 말하면 충분했다. 나는 그의 증인이 되기를 승낙했다.

우리는 밖으로 나갔고, 레이몽이 내게 코냑을 한 잔 샀다. 그러고는 그는 당구를 한 판 치고 싶어 했는데, 내가 근소한 차이로 졌다. 그 다음에 그는 오입질을 하러 가고 싶어 했지만, 나는 그런 것을 좋아하지 않는 까닭에 싫다고 했다. 그리하여 우리는 천천히 집으로 돌아왔는데, 레이몽은 정부를 혼내주는 데 성공한 것을 얼마나 만족스럽게 여기고 있는지 말했다. 그가 내게 다정스럽게 대해주는 것 같았고, 나는 즐거운 한때라고 생각했다.

멀리서부터, 나는 문간에서 흥분한 듯한 표정으로 서 있는 살라마노 영감을 알아보았다. 가까이 가보니 난 그가 개를 데리고 있지 않은 것을 알았다. 그는 이리저리 사방을 둘러보고 빙글빙글 돌고, 컴컴한 복도를 들여다보면서 두서없는 말을 중얼거렸고, 다시 그 작은 충혈된 눈을 두리번거리며 길을 훑어보았다. 레이몽이 그에게 무슨 일이 있었느냐고 물어도 그는 곧 대답을 하지 않았다. "개자식! 썩을 놈!"이라고 중얼거리는 소리만이 어렴풋이 들렸고, 영감은 계속해서 어쩔 줄 모르고 서성거렸다. 개는 어디 있느냐고 내가 물었다. 그는 개가 달아나버렸다고 불쑥 대답했다. 그러더니 갑자기 수다스럽게 이야기를 늘어놓았다. "오늘도 여느 때같이 '연병장'엘 데리고 갔었죠. 노점들 근처에는 사람들이 많이 있었어요. '탈주왕'이란 간판이 붙은 것을 보려고 잠시 멈추었어요. 그리고 다시 가려니까, 그놈이 없어졌어요. 물론 벌써부터 좀 작은 목줄을 사주려고 생각하고 있었어요. 하지만 그 빌어먹을 놈이 그렇게 도망쳐버리리라고는 꿈에도 생각하지 못했어요."

그러자 레이몽이, 개는 아마 길을 잃어버렸을지도 모르니까 언젠가는 돌아올 것이라고 설명했다. 그는 주인을 찾아오기 위해서 수십 킬로미터나 걸어온 개가 있었다는 예까지 들어 보였다. 그랬는데도 영감은 더욱 흥분하는 기색이었다. "하지만 그 사람들이 내게서 그놈을 빼앗아갈 거예요, 아시겠지요. 누가 그놈을 데려다 길러 준다면 또 모르지만. 하지만 그럴 리는 없을 거요. 그놈은 딱지가 덕지덕지 붙어서 모든 사람들을 불쾌하게 만들어요. 경찰들이 그놈을 잡아갈 거예요. 틀림없어요." 그래서 나는 그에게 동물 보호소에 가보는 것이 좋으리라는 것과, 비용을 얼마쯤 내면 찾을 수 있으리라는 것을 말해주었다. 영감은 그 비용이 많이 드느냐고 물었다. 나는 그것을 알지 못했다. 그러자 영감은 "그 썩을 놈 때문에 돈을 내다니. 아아, 죽어버리라지!"라고 화를 냈다. 그리고 그는 욕설을 퍼붓기 시작했다. 레이몽은 웃으며 건물로 들어갔다. 나도 그의 뒤를 따랐고 우리는 층계참에서 헤어졌다. 조금 뒤에 영감의 발자국 소리가 나더니 그가 내 방문을 두드렸다. 문을 열어 주니까, 그는 잠시 문간에 서 있다가, "미안해요, 미안해요."라고 말했다. 내가 안으로 들어오라고 권하였으나, 그는 들어오려고 하지 않았다. 그는 구두 끝만 내려다보고 있었고, 그의 딱지투성이인 손이 떨리고 있었다. 내 얼굴을 보지도 않은 채 그는 나에게 "그 사람들이 내게서 그놈을 빼앗진 않겠지요, 뫼르소 씨. 내게 그놈을 돌려줄 거라고요. 그렇지 않으면 나는 어떻게 되겠어요?"라고 물었다. 동물 보호소에는 주인이 찾아갈 수 있도록 사흘 동안 개를 매어두는데, 사흘이 지나면 적당히 처분해버린다고 나는 그에게 말했다. 그는 아무 말 없이 나를 쳐다보았다. 그러고는, "안녕히 계세요"라고 말했다. 그가 자기 방문을 닫는 소리가 났고, 나는 그가 방 안에서 왔다 갔다 하는 소리를 들었다. 그의 침대가 삐걱거렸다. 그러고는 벽을 통해서 조그맣게 들려오는 괴상한 소리로, 나는 그가 울고 있다는 것을 알았다. 내가 왜 엄마를 생각을 했는지 모르겠다. 하지만 나는 다음날 일찍 일어나야만 했다. 나는 배가 고프지 않았고, 저녁을 먹지 않고 잠자리에 들었다.

5

레이몽이 내게 사무실로 전화를 했다. 그의 친구들 중 한 명이(그 친구에게 나의 이야기를 했다는 것이었다) 알제 근처의 조그만 별장으로 와서 일요일 한나절을 지내도록 나를 초대한다는 말이었다. 나는 정말 그러고 싶지만, 여자 친구와 일요일을 보내기로 약속했다고 대답했다. 레이몽은 즉시 여자 친구도 초대한다고 말했다. 자기 친구의 부인은 남자들 사이에 혼자 있지 않아도 되니 무척 만족할 거라고 했다.

나는 사장이 시내에서 우리에게 전화가 오는 것을 좋아하지 않는다는 사실을 알고 있기 때문에 얼른 수화기를 내려놓고 싶었다. 하지만 레이몽은 끊지 말아달라고 하면서, 이 초대 사실은 저녁에 전할 수 있었겠지만, 그보다도 다른 것을 한 가지 알려주고 싶다고 말했다. 그는 옛 정부의 오빠도 끼어있는 아랍인 패거리에게 하루 종일 미행을 당했다며, "저녁 퇴근하는 길에 집 근처에서 그놈을 보거든 내게 좀 알려줘."라고 말했다. 나는 알았다고 말했다.

　조금 뒤에 사장이 나를 불렀는데, 그 순간 그가 전화는 되도록 삼가고 좀 더 열심히 일을 하라고 내게 말할 것이라고 생각했기 때문에, 나는 난처했다. 그런데 그것과는 다른 것이었다. 그는 아직은 무척 막연한 어떤 계획에 대해서 나에게 이야기하려고 한다고 말했다. 그는 다만 그 문제에 관하여 나의 의견을 들어볼 생각이었다. 그는 파리에 사무실을 설치하여 현지에서 직접 큰 회사들과의 업무를 처리하려는 의향을 갖고 있었고, 내가 그곳에 갈 수 있는지 알고 싶어 했다. 그러면 내가 파리에서 생활할 수 있을 것이고, 일 년에 얼마 동안은 여행도 할 수 있을 것이었다. "자넨 젊으니까, 그런 삶이 자네 마음에 들 것 같은데." 나는 그렇기는 하지만, 근본적으로 내겐 마찬가지라고 말했다. 그러자 사장이 삶의 변화에 흥미를 느끼지 않느냐고 물었다. 나는 사람이란 결코 삶을 바꿀 수는 없는 노릇이고, 어쨌든 어떤 삶이든지 다 그게 그거고, 또 이곳에서의 내 삶에 조금도 불만을 느끼지 않는다고 대답했다. 그는 불만스러운 표정을 지었고, 내가 항상 삐딱한 대답을 하고, 야망이 없으며, 그런 것은 사업에 치명적이라고 말했다. 그래서 나는 내 자리로 돌아와 일을 했다. 나는 사장의 비위를 거스르고 싶지 않았으나, 나의 삶을 바꿔야 할 하등의 이유도 찾아낼 수 없었다. 곰곰 생각해봐도 나는 불행하진 않았다. 학생 때에는 나에게도 그런 종류의 야심도 많이 있었다. 그러나 학업을 포기하지 않을 수 없었을 때, 그 모든 것이 실제로는 아무런 중요성이 없다는 것을 나는 곧 깨달았다.

저녁에, 마리가 찾아와서 자기와 결혼할 마음이 있느냐고 물었다. 나는 그건 내게 아무래도 상관없지만, 만일 그녀가 그것을 원한다면, 우린 그렇게 할 수 있을 거라고 대답했다. 그러자 그녀는 내가 자기를 사랑하는지 알고 싶어 했다. 나는 이미 전에도 한 번 말했던 것처럼, 그건 아무 의미도 없지만, 아마도 그녀를 사랑하지 않는 것 같다고 대답했다. 마리는 "그러면 왜 나하고 결혼해?"라고 말했다. 나는, 그런 건 아무 중요성도 없는 것이지만, 그녀가 원한다면 우리는 결혼할 수 있다고 설명했다. 게다가 결혼을 요구한 것은 그녀였고, 나는 그저 그러자고 말하는 것에 만족했을 뿐이다. 그러자 마리는, 결혼이란 중요한 일이라고 지적했다. 나는 "아니야."라고 대답했다. 그녀는 잠시 말이 없었고, 조용히 나를 쳐다보았다. 그러고 나서 그녀는 말을 이었다. 그녀는 단지 내가 그녀와 같은 방식으로 관계를 맺고 있는 다른 여자의 제안을 받아들일 것인지를 알고 싶어 했다. 나는 "당연하지"라고 말했다. 그러자 그녀는 자기가 나를 사랑하는지 어떤지를 스스로에게 물어 보았으나, 나는 그 점에 관해서 아무것도 알 수 없었다. 또다시 한동안 묵묵히 있다가 그녀는 내가 이상한 사람이라고, 아마 그 때문에 자기는 나를 사랑하고 있는 것일 테지만, 언제가 똑같은 이유로 내가 그녀를 싫어할 수도 있을 것이라고 중얼거렸다. 내가 침묵을 지키고 있자, 덧붙일 말이 아무것도 없던 그녀는 웃으면서 나의 팔을 붙들고 나와 결혼하고 싶다고 말했다.

나는 언제든지 그녀가 원한다면 곧 우리는 결혼을 할 것이라고 대답했다. 그때 내가 사장의 제안을 이야기해주니까, 마리는 파리를 알고 싶다고 했다. 내가 한때 파리에서 살았었다고 가르쳐주었더니, 그녀는 어떠냐고 물었다. 나는 그녀에게 말했다. "더러워. 비둘기들과 컴컴한 안뜰들이 있어. 사람들은 피부가 하얗고."

그러고 나서 우리는 큰길들을 따라 시내를 거닐었다. 여자들은 아름다웠는데, 나는 마리에게 그것을 눈여겨보았느냐고 물었다. 마리는 그렇다고 하고는 나를 이해한다고 말했다. 잠시 동안우리는 더 이상 말이 없었다. 그렇지만 나는 그녀가 함께 있어 주기를 원했고, 그래서 나는 셀레스트네 식당에서 우리가 함께 저녁을 먹을 수 있다고 그녀에게 말했다. 마리는 무척 그러고 싶었지만 해야 할 일이 있었다. 그때 우리는 내 집 근처에 있었고, 그래서 나는 그녀에게 다음에 보자고 말했다. 그녀는 나를 쳐다보았고, "내가 해야 할 일이 무엇인지 알고 싶지 않아?"라고 말했다. 물론 그것을 알고 싶었지만, 나는 그것을 생각하지 못했는데, 그녀가 나를 나무라는 듯한 표정을 했던 것은 그것 때문이다. 그러고는 나의 어색한 표정을 보고 그녀는 다시 웃었고, 내게로 온몸을 기울여 입술을 내밀었다.

나는 셀레스트네 식당에서 저녁을 먹었다. 내가 이미 먹기 시작했을 때, 이상하게 작은 한 여자가 들어와서 내 테이블에 앉아도 되겠느냐고 물었다. 당연히 그녀는 그럴 수 있었다. 그녀의 몸짓은 뚝뚝 끊어졌고 사과 모양의 작은 얼굴에는 두 눈이 빛났다.

그녀는 재킷을 벗고 앉아서 열심히 메뉴를 살펴보았다. 그녀는 셀레스트를 불러서, 곧바로 명확하고도 빠른 목소리로 먹을 요리를 모두 주문했다. 전식을 기다리면서 그녀는 가방을 열었고, 그 속에서 작고 네모진 종이와 연필을 꺼내 먼저 계산을 하고 나서, 주머니에서 팁을 합한 정확한 금액을 꺼내 자기 앞에 내려놓았다. 그때 전식이 나왔고, 그녀는 서둘러서 먹었다. 다음 요리를 기다리며 또 가방에서 파란색 연필과 일주일 동안의 라디오 프로그램이 실린 잡지를 꺼냈다. 그 여자는 정성스럽게 하나씩 하나씩 거의 모든 방송에 표시를 했다. 잡지는 열두 페이지 정도 되었으므로 그녀는 식사를 하는 동안 줄곧 세밀하게 그 일을 계속했다. 내가 식사를 끝마쳤을 때도 그녀는 여전히 열심히 표시를 하고 있었다. 그러더니 일어서서, 그 변함없이 꼭두각시 같은 몸짓으로 재킷을 입고는 가버렸다. 아무것도 할 일이 없었으므로, 나도 밖으로 나가 여자의 뒤를 잠시 따라갔다. 그녀는 인도 가장자리를 따라 믿을 수 없으리만큼 엄청난 속도와 정확한 걸음으로, 옆으로 비키거나 뒤돌아보지도 않고 제 갈 길만 갔다. 마침내 나는 여자를 시야에서 놓쳐버려, 가던 길을 되돌아왔다. 이상한 여자라는 생각이 들었지만 나는 곧 그 여자를 잊어버렸다.

내 문 앞에서 살라마노 영감을 발견했다. 내가 그를 방으로 들어오게 했더니 영감은, 개가 동물 보호소에 없는 것으로 봐서 개를 잃어버린 것이라고 내게 알려주었다. 동물 보호소 사람들은 아마도 개가 차에 치였을 거라고 그에게 말했었다. 그는 경찰서에 가보면 그걸 알 수 있지 않느냐고 물어보았었다. 사람들은 그런 일이 매일처럼 있는 일이라 아무 흔적도 남지 않는다고 그에게 대답했었다. 나는 살라마노 영감에게 다른 개를 기르면 되지 않느냐고 말했지만, 영감은 그 개와 익히 사귀어 정이 들었다고 말했고, 그건 맞는 말이었다.

나는 침대 위에 웅크리고, 살라마노는 식탁 앞 의자에 앉아 있었다. 그는 나와 얼굴을 마주하고 두 손을 무릎 위에 놓고 있었다. 그는 낡은 중절모를 쓴 채로였다. 영감은 누런 수염 아래로 몇 마디 짧게 중얼거렸다. 그와 같이 있기가 좀 거북했으나, 그렇다고 나는 별로 할 일도 없었고 졸리지도 않았다. 무엇이든지 이야기를 하려고 나는 그의 개의 이야기를 물어보았다. 그는 자기 아내가 죽은 뒤부터 개를 길렀다고 말했다. 그는 꽤 늦게 결혼했었다. 젊었을 적에는 연극을 하고 싶어 했었고, 군대에 있었을 때는 군인극 보드빌에 출연하기도 했다. 하지만 결국 철도국에 들어갔고, 그는 그것을 후회하지 않았는데, 왜냐하면 지금 약간의 연금을 받기 때문이었다. 아내와의 관계가 그리 행복하지는 못했었으나, 대체로 보아 아내에게 길이 들었다. 아내가 죽었을 때, 그는 너무나 외롭다고 느꼈다. 그래서 그는 직장 동료에게 개 한 마리를 부탁했고, 그렇게 해서 그는 아주 어린놈을 얻어왔다. 젖병으로 키워야 했다. 하지만 개가 사람보다 오래 살지 못하기 때문에, 그들은 마침내 함께 늙고 말았다. "그놈은 성미가 못되어서 가끔 우리는 말다툼을 하곤 했었어요. 그렇지만 좋은 개였어요."라고 살라마노는 말했다. 나는 혈통이 좋은 개였다고 말했고, 살라마노는 만족해하는 표정이었다. 그는 덧붙여 말했다. "게다가, 병에 걸리기 전에 본 일이 없으시죠? 그 털이 정말 아름다웠어요." 개가 피부병에 걸린 다음부터는, 살라마노는 매일 아침저녁으로 연고를 발라주었다. 하지만 그의 말에 따르면, 개의 진짜 병은 늙는다는 것이었고, 결국 늙음은 고칠 도리가 없었다.

그때 내가 하품을 하자 영감은 가겠다고 말했다. 나는 더 있어도 괜찮다고 말했고, 개가 그렇게 된 것을 딱하게 생각한다고 하였더니, 그는 고맙다고 했다. 그는 엄마가 자기 개를 몹시 귀여워했다고 말했다. 그녀에 관해 말하면서, 그는 '당신의 불쌍한 어머니'라고 불렀다. 그는 엄마가 죽은 이후 내가 무척이나 불행했을 것임에 틀림없다는 짐작을 내비쳤고, 나는 아무런 대답도 하지 않았다. 그러자 그는 빠른 어조로 어색한 낯을 보이며, 동네에서는 내가 엄마를 양로원에 보낸 탓으로 나를 나쁘게 생각하고 있다는 것을 알고 있었지만, 그는 나를 알고 있었고, 내가 엄마를 많이 사랑한다는 것도 알고 있었다고 말했다. 내가 왜 그렇게 대답했는지는 지금도 모르지만, 나는 그것 때문에 내가 악평을 받고 있다는 것을 지금까지 전혀 모르고 있었으며, 나에게는 엄마를 간호하게 할 만한 돈이 없었으므로 양로원에 보낸 것은 마땅한 처사로 생각되었던 것이라고 대답했다. "게다가 엄마는 오래 전부터 내게 할 이야기가 아무것도 없어서 외로워했었거든요"라고 내가 덧붙였다. 영감이 내게 말했다. "그래요. 양로원에

서는 적어도 친구들을 사귈 수 있지요." 그리고 그는 핑계를 댔
다. 그는 자고 싶었다. 이제 그의 삶은 바뀌었고, 그는 자신이 앞
으로 어떻게 해야 하는지를 잘 알지 못했다. 내가 그를 알게 된
이후 처음으로, 그는 슬그머니 내게 손을 내밀었고, 나는 비늘같
이 그의 피부를 느껴졌다. 그는 약간 웃어 보였고, 가기 전에 내
게 말했다. "오늘밤은 제발 개들이 짖지 않았으면 좋겠어요. 내
개라는 생각이 들어서요."

6

일요일에, 나는 잠에서 깨기가 힘들었고, 마리가 내 이름을 부르고 흔들어 깨워야만 했다. 우리는 일찍부터 해수욕을 하고 싶었기 때문에 아침을 먹지 않았다. 나는 완전히 텅 빈 느낌이었고 머리가 조금 아팠다. 담배는 맛이 썼다. 마리는 나를 스스럼없이 대했는데, 그녀가 내게 '장례식 때의 얼굴'을 하고 있다고 말했기 때문에 알 수 있었다. 마리는 거미줄 같은 하얀 원피스를 입고 있었고 머리를 늘어뜨리고 있었다. 내가 그녀에게 예쁘다고 말했고, 그녀는 신이 나서 웃었다.

내려오는 길에 우리는 레이몽의 문을 두드렸다. 그는 내려간다고 대답했다. 길에 나서자, 내가 피로한 탓도 있고 또 우리가 덧문을 열지 않고 있었던 탓도 있어서, 아침 햇살이 가득하여, 마치 햇빛에 따귀라도 나는 얻어맞은 것 같았다. 마리는 기뻐서 뛰어올랐고, 날씨가 좋다고 말하는 것을 멈추지 않았다. 나는 기분이 좀 나아졌고 배가 고픈 것을 느꼈다. 마리에게 그 말을 하니까, 그녀는 우리 두 사람의 수영복과 수건만 들어 있는 방수포 가방을 열어 보였다. 나는 기다리는 수밖에 없었고, 우리는 레이몽이 그의 방문을 닫는 소리를 들었다. 그는 파란 바지와 하얀 반팔 셔츠를 입었다. 하지만 그가 둥글고 납작한 밀짚모자를 쓰고 있어서, 마리가 웃었고, 게다가 그의 팔뚝은 검은 털에 덮였어도 너무나 하얬다. 나는 그것이 약간 혐오스러웠다. 그는 내려오면서 휘파람을 불고 있었고, 무척 흡족한 표정이었다. 그가 내게, "안녕, 친구."라고 말했고, 다음에 마리를 "아가씨"라고 불렀다.

그 전날 우리는 경찰서에 함께 가서, 나는 그 여자가 레이몽을 '우습게 봤다'고 증언을 했었다. 그는 경고 조치를 받고 그곳을 나왔다. 경찰서에서는 내 진술을 확인해보지 않았다. 문 앞에서 우리는 레이몽과 그런 이야기를 했고, 이후 우리는 버스를 타기로 결정했었다. 바닷가는 그다지 멀지 않았으나, 그렇게 하면 우리는 더 빨리 갈 수 있을 것이었다. 레이몽은 그의 친구도 우리가 일찍 오는 것을 기뻐하리라고 생각하고 있었다. 우리가 막 길을 떠나려던 참이었는데, 갑자기 레이몽이 내게 맞은쪽을 보라는 눈짓을 했다. 나는 한 패의 아랍 사람들이 담배 가게 진열창에 기대고 서 있는 것을 보았다. 그들은 아무 말 없이 우리를 바라보고 있었는데, 마치 우리가 돌이나 죽은 나무에 지나지 않는다는 듯한 그들 나름대로의 태도였다. 레이몽은 왼쪽으로부터 두 번째 녀석이 그놈이라고 말했는데, 그는 신경 쓰인다는 눈치였다. 그렇지만 그는 그건 이제 끝나버린 이야기라고 덧붙였다. 마리는 무슨 영문인지 잘 알 수 없어서, 무슨 일이냐고 우리에게 물었다. 아랍 사람들이 레이몽에게 앙심을 품고 있는 것이라고 나는 대답했다. 그녀는 얼른 출발하기를 원했다. 레이몽은 몸을 젖히고, 서둘러야겠다고 말하며 웃었다.

우리는 조금 더 먼 곳에 있는 버스 정류장으로 갔고, 레이몽은 아랍인들이 따라 오지 않는다고 내게 말했다. 나는 뒤를 돌아다보았다. 그들은 여전히 있던 자리에 그냥 있었고, 우리가 막 떠나온 곳을 여전히 무관심한 태도로 바라보고 있었다. 우리는 버스를 탔다. 완전히 안심한 듯해 보였던 레이몽은 마리에게 줄곧 농담을 하고 있었다. 나는 마리가 그의 마음을 기쁘게 만들었다고 느꼈지만, 그녀는 그에게 거의 아무런 대답도 하지 않고 있었다. 이따금 그녀는 웃으면서 그를 쳐다보았다.

우리는 알제 교외에서 내렸다. 바닷가는 버스 정류장에서 멀지 않았다. 하지만 바다를 굽어보며 모래밭 쪽으로 내리뻗은 조그만 언덕을 지나야 했다. 언덕은 하늘의 이미 눈부시게 빛나는 파란빛을 배경으로 노란 돌들과 새하얀 수선화들에 덮여 있었다. 마리는 방수 가방을 크게 휘둘러 꽃잎을 떨어뜨리는 장난을 재미있어 했다. 우리는 초록색 또는 흰색 울타리를 둘러친 작은 별장들이 늘어선 사이를 걸어갔는데, 몇몇 별장들은 베란다까지 타마리스 가지들에 파묻혀 있었고, 다른 몇몇 별장들은 돌들 가운데 드러나 있었다. 언덕 끝에 이르기도 전에 벌써 우리는 움직이지 않는 바다와, 좀 더 멀리에는 맑은 물속에서 졸고 있는 육중한

뱃머리를 하나 볼 수 있었다. 가벼운 모터 소리가 고요한 대기를 뚫고 우리에게까지 들려왔다. 그리고 우리는 아주 저 멀리에서 조그만 고깃배 한 척이, 반짝이는 바다 위로 움직이는 듯 마는 듯 나아가고 있는 것을 보았다. 마리는 바위 사이에 난 붓꽃 몇 송이를 꺾었다. 바다로 내려가는 언덕길에서 우리는 벌써 몇몇 수영객들이 있는 것을 보았다.

레이몽의 친구는 해변 제일 끝에 있는 작은 목조 별장에 살고 있었다. 별장은 바위를 등지고 있었고, 집의 전면 밑쪽을 떠받치는 기둥들은 이미 물속에 잠겨 있었다. 레이몽이 우리를 소개했다. 그의 친구는 이름이 마송이었다. 허리와 어깨가 육중하고 키가 큰 사람이었는데, 파리 말씨를 쓰는 작고 통통하고 친절한 아내와 함께 있었다. 그는 곧 우리에게 편하게 지내라고 말했고, 그날 아침에 낚시로 잡은 생선 튀김이 있다고 말했다. 나는 그에게 집이 참 예쁘다고 말했다. 그는 토요일과 일요일, 그리고 휴가 내내 이곳에 지내러 온다고 알려주었다. "제 아내하고, 사람들이 잘 통해요."라고 그는 덧붙였다. 마침 그의 아내는 마리와 웃고 있었다. 아마도 처음으로, 나는 정말이지 결혼하게 될 거라고 생각했다.

마송은 헤엄을 치고 싶어 했지만, 그의 아내와 레이몽은 가고 싶어 하지 않았다. 우리 셋이서 내려갔고, 마리는 곧 물속으로 뛰어들었다. 마송과 나는 약간 기다렸다. 그는 말이 느렸는데, 나는 그가 자신이 먼저 한 말 뒤에다 "게다가 좀 더 말하자면"이라고 덧붙이는 버릇이 있다는 것을 알아차렸는데, 심지어 실제로는 그가 말한 문장에 덧붙일 만한 것이 없을 때에도 그러했다. 마리에 대해서 이야기할 때 그는 "기막힌 여자군요. 게다가 좀 더 말하자면, 매력적인 여자예요"라고 말했다. 이윽고 나는 그의 말버릇에 더 이상 신경을 쓰지 않았는데, 태양이 나를 기분 좋게 해주는 것을 느끼는 데 몰두하고 있었기 때문이었다. 발밑에서 모래가 뜨거워지기 시작했다. 나는 물속으로 들어가고 싶은 욕망을 좀 더 참았다가, 마침내 마송에게 "가볼까요?"라고 말했다. 나는 물속으로 뛰어들었다. 그는 천천히 물속으로 들어가, 발이 땅에 닿지 않게 되어서야 몸을 던졌다. 그는 개구리헤엄을 쳤으나, 무척 서툴러서, 나는 그를 남겨두고 마리에게로 헤엄쳐 갔다. 물은 차가웠고, 나는 헤엄을 치는 것에 흡족했다. 마리와 함께 멀리까지 갔었는데, 우리는 몸짓과 만족감에 있어 서로 일치하는 것을 느낄 수 있었다.

먼 바다에서, 우리는 배영을 했는데, 하늘을 향한 내 얼굴 위로는 갓 지나간 파도의 마지막 물막 사이로 태양이 내리쬐고 있었고, 물이 입 안으로 흘러들었다. 우리는 마송이 해변으로 돌아가 햇볕을 쪼이려고 눕는 것을 보았다. 멀리서도 그는 큼직하게 보였다. 마리는 둘이서 함께 헤엄을 치고 싶어 했다. 나는 뒤로 돌아가 마리의 허리를 붙잡고, 발로 물장구를 치며 돕는 동안 그녀는 두 팔을 저어 앞으로 나아갔다. 오전 시간의 나지막한 물소리가 우리 곁에서 떠나지 않았고, 마침내 나는 지치고 말았다. 그래서 나는 마리를 남겨두고, 숨을 크게 쉬면서 규칙적으로 헤엄을 쳐서 돌아왔다. 해변으로 나와서 나는 마송 옆에 배를 깔고 엎드려 모래 속에 얼굴을 파묻었다. 내가 "참 기분이 좋은데요."라고 했더니, 그의 생각도 그랬다. 잠시 후에 마리가 왔다. 나는 고개를 돌려 마리가 걸어오는 것을 바라보았다. 소금물에 젖은 몸은 미끈미끈해 보였으며, 머리를 뒤로 늘어뜨리고 있었다. 그녀는 나와 서로 옆구리를 꼭 붙인 채 누웠는데, 그녀의 몸과 태양이 내뿜는 두 열기로 인해 나는 잠깐 잠이 들었다.

마리가 나를 흔들어 깨웠고, 내게 마송이 벌써 집으로 돌아갔다고 말했는데, 점심을 먹어야 했다. 나는 배가 고팠기 때문에 곧바로 일어났으나, 마리는 내가 아침부터 한 번도 자기에게 키스를 해주지 않았다고 말했다. 그건 사실이었고, 나는 키스를 하고 싶었다. "물속으로 들어가자."라고 그녀가 말했다. 우리는 뛰어가서 첫 번째 밀려온 작은 물결들 속에 몸을 뻗었다. 우리는 몇 번 팔을 저어 헤엄쳐 나갔고, 마리가 내 몸에 꼭 달라붙었다. 그녀의 다리가 내 다리를 휘감는 것을 느꼈고, 나는 그녀를 욕망했다.

우리 둘이 돌아오려니까 마송은 벌써 우리를 부르고 있었다. 내가 몹시 배가 고프다고 말했더니 마송은 즉시 내가 자기의 마음에 들었다고 그의 아내에게 말했다. 빵은 맛있었고, 나는 내 몫의 생선을 허겁지겁 먹었다. 그런 다음 고기와 감자튀김이 나왔다. 우리는 모두 아무 말 없이 먹었다. 마송은 연신 술을 마셨고 내게도 계속 따라 주었다. 커피가 나왔을 때 나는 머리가 좀 무거웠고, 담배를 많이 피웠다. 마송과 레이몽 그리고 나는 공동비용으로 팔월에 해변에서 지낼 것을 의논했다. 마리가 갑자기 "여러분 지금 몇 신지 아세요? 열한 시 반이에요."라고 말했다. 우리들은 모두 놀랐지만, 마송은 매우 일찍 점심 식사를 했지만 배고플 때가 결국 점심시간이니까 자연스러운 것이라고 말했다. 그 말을 듣고 마리가 왜 웃었는지 나는 모른다. 나는 그녀가 아마 술을 좀 지나치게 마셨다고 생각한다. 그때 마송이 자기와 함께 바닷가를 산책하지 않겠느냐고 내게 물었다. "제 아내는 점심을 먹은 뒤엔 반드시 낮잠을 자요. 나는 그것을 좋아하지 않아요. 난 걸어야 합니다. 나는 건강에는 그것이 좋다고 늘 아내에게 말합니다. 하지만 어쨌든 자기 맘이에요." 마리는 남아서 마송 부인이 설거지하는 것을 거들겠다고 말했다. 그러자면 남자들은 밖으로 내보내야 한다고 키가 작은 파리 여자가 말했다. 우리는 셋이서 바닷가로 내려갔다.

태양은 거의 수직으로 모래 위로 쏟아져 내리고 있었고, 바다 위에 반사되는 그 빛은 견디기 어려울 지경이었다. 바닷가에는 더 이상 아무도 없었다. 언덕 끝을 따라 바다를 굽어보며 늘어선 작은 별장들 안에서는 접시와 식기 세트들의 덜그럭거리는 소리가 들리고 있었다. 땅에서 올라오는 돌의 연기 속에서는 숨조차 쉬기가 어려웠다. 처음에 레이몽과 마송은, 내가 알지 못하는 일과 사람들의 이야기를 했다. 그들이 오래 전부터 아는 사이라는 것과, 한때 그들은 동거한 일도 있었다는 사실을 나는 알았다. 우리는 물가 쪽으로 가서 바다를 끼고 걸었다. 때때로 잔물결이 길게 밀려와서 우리의 헝겊신발을 적시곤 했다. 나는 맨머리 위로 내리쬐는 태양 때문에 반쯤 몽롱해 있어서, 아무 생각도 없었다.

그때 레이몽이 마송에게 뭐라고 말했으나, 나는 잘 알아듣지 못했다. 그러나 동시에 나는 바닷가 저편 아주 멀리서, 푸른 작업복을 입은 아랍인 둘이 우리들 쪽으로 걸어오고 있는 것을 보았다. 내가 레이몽을 쳐다보았더니 그는 "그놈이야."라고 말했다. 우리들은 걸음을 계속했다. 마송은 그들이 어떻게 여기까지 우리를 따라올 수 있었을까, 라고 물었다. 나는 우리가 해수욕 가방을 가지고 버스를 타는 것을 그들이 보았던 것이라고 생각했으나, 아무 말도 하지 않았다.

아랍인들은 천천히 걸어오고 있었는데, 벌써 훨씬 거리가 가까워졌다. 우리는 걷는 속도를 바꾸지 않았지만, 레이몽은 "마송, 싸움이 벌어지면 넌 둘째 녀석을 붙들어. 저 녀석은 내가 맡을게. 뫼르소, 넌 또 다른 놈이 오면 맡지."라고 말했다. 나는 "그래."라고 말했고, 마송은 두 손을 주머니 속에 넣었다. 지나칠 정도로 뜨겁게 단 모래가 이제 내게는 붉게 보였다. 우리는 일정한 걸음으로 아랍인들에게 걸어갔다. 그들과 우리 사이의 간격이 규칙적으로 줄어들었다. 몇 걸음 되지 않는 간격을 두고 서로 가까워졌을 때, 아랍인들이 멈춰 섰다. 마송과 나는 걸음을 늦추었다. 레이몽은 곧장 그가 맡은 녀석에게로 갔다. 나는 그가 뭐라고 했는지 못 들었으나, 상대가 머리로 받는 시늉을 했다. 그러자 레이몽이 먼저 한 대 때려놓고 곧 마송을 불렀다. 마송은 미리 지목했던 녀석에게로 가서 힘껏 두 번 후려갈겼다. 아랍인은 얼굴을 바닥에 틀어박았고 물속에 퍼져버렸고, 그러고는 잠시 그대로 있었는데, 머리 주위에서 거품이 물 위로 부글거리고 있었다. 그러는 동안에 레이몽도 후려쳐서 상대의 얼굴은 피범벅이 되었다. 레이몽이 내 쪽으로 고개를 돌리고 "저 놈이 혼쭐나는 걸 봐줘"라고 말했다. 내가 그에게 "조심해, 그놈 칼을 가졌어!"라고 소리쳤다. 하지만 이미 레이몽은 팔에 상처가 났고 입도 베였다.

마송이 후닥닥 몸을 놀려 앞으로 뛰어들었다. 하지만 다른 아랍인이 일어나서 무기를 가진 녀석 뒤로 붙었다. 우리는 움직이지 못했다. 그들은 우리에게서 눈을 떼지 않은 채 단도로 위협을 하면서 천천히 뒷걸음을 쳤다. 충분한 거리가 생겼음을 알자 그들은 부리나케 달아나버렸고, 그동안 우리는 햇볕 아래 못 박힌 듯 우두커니 서 있었고, 레이몽은 피가 흐르는 팔을 움켜쥐고 있었다.

마송은 즉시, 일요일마다 언덕 별장으로 와서 지내는 의사가 있다고 말했다. 레이몽은 곧장 가고 싶어 했다. 하지만 그가 말을 할 때마다 상처에서 피가 흘러나와 입 안에 거품을 일으켰다. 우리는 그를 부축하여 가능한 한 빨리 별장으로 돌아왔다. 별장에서, 레이몽은 상처는 가벼우니까 의사에게 갈 수 있다고 말했다. 그는 마송과 함께 갔고, 나는 남아서 여자들에게 있었던 일을 설명해 주었다. 마송 부인은 울고 있었고, 마리는 창백하게 질려 있었다. 나는 그들에게 설명을 하는 게 귀찮았다. 난 결국 입을 다물었고, 바다를 보면서 담배를 피웠다.

한 시 반쯤 레이몽이 마송과 함께 돌아왔다. 그는 팔에는 붕대를 감고 입가에는 반창고를 붙이고 있었다. 의사는 그에게 대수롭지 않다고 하였으나, 레이몽은 매우 침울한 낯을 하고 있었다. 마송이 그를 웃기려고 애를 써봤다. 하지만 그는 여전히 말이 없었다. 그가 바닷가로 내려간다고 하기에 나는 그에게 어디로 가느냐고 물었다. 마송과 나도 그와 함께 가겠다고 했다. 그러자 그는 화를 내며 우리에게 욕을 했다. 마송은 그의 비위를 거스르지 말아야 한다고 말했다. 나는 그래도 그의 뒤를 따랐다.

우리는 오랫동안 해변을 걸었다. 태양은 이제 짓누르는 듯했다. 햇빛은 모래와 바다 위에 부서지고 있었다. 나는 레이몽이 가는 곳을 자신이 알고 있으리라는 생각이 들었지만, 아마도 그것은 틀린 인상이었는지도 몰랐다. 해변 끝까지 가서, 우리는 마침내 커다란 바위 뒤에 모래 속에서 흘러나오는 작은 샘에 도달했다. 그곳에서 우리는 그 두 아랍인들을 발견했다. 그들은 기름기가 밴 푸른 작업복을 입고 누워 있었다. 그들은 아주 평온한 표정이었고, 거의 흡족한 듯했다. 우리가 다가갔어도 전혀 표정의 변화가 없었다. 레이몽을 찌른 녀석도 아무 말 없이 그를 바라보고 있었다. 또 한 녀석은 작은 갈대피리를 불고 있었는데, 곁눈으로 우리를 바라보며 그 악기로 낼 수 있는 세 가지 소리를 끊임없이 되풀이하는 것이었다.

그러는 동안 그곳에는 졸졸 흐르는 샘물 소리와 피리의 세 가지 음정과 더불어 오직 태양과 이 침묵뿐이었다. 이윽고 레이몽이 주머니에 있는 손을 권총에 대었으나, 상대는 움직이지 않았고, 둘은 여전히 서로를 노려보고 있었다. 나는 피리를 불고 있는 녀석의 발가락들 사이가 몹시 벌어진 것을 보았다. 하지만 레이몽은 상대로부터 눈을 떼지 않고 "해치워버릴까?"라고 내게 물었다. 내가 안 된다고 하면 그는 저절로 흥분해서 기어코 쏘고야 말 것이라고 나는 생각했다. 그래서 나는 그에게 단지 "저 녀석은 아직 너에게 아무 말도 안 했어. 이대로 쏘아버린다는 건 비겁해."라고 말했다. 침묵과 무더운 열기 속에서, 여전히 물과 피리의 호젓한 소리가 들렸다. 이윽고 레이몽이 "그럼 저 녀석에게 욕을 해줘야겠군. 대답하면 쏘아버려야지."라고 말했다. 나는 "그래, 하지만 녀석이 칼을 뽑지 않으면 넌 총을 쏠 수 없어."라고 대답했다. 레이몽이 약간 흥분하기 시작했다. 다른 아랍인은 여전히 피리를 불고 있었고, 둘 다 레이몽의 동작 하나하나를 살피고 있었다. 내가 레이몽에게 말했다. "안 돼. 사나이 대 사나이로 상대하고, 권총은 내게 줘. 다른 녀석이 끼어들거나, 저 녀석이 칼을 뽑든지 하면, 내가 쏠게."

레이몽이 권총을 내게 주었을 때, 햇빛이 그 위로 미끄러졌다. 그렇지만 우리는 마치 모든 것이 우리 주위를 둘러막은 듯이 그대로 움직이지 않고 있었다. 우리는 눈길을 내려뜨리지 않고 서로 마주 노려보고 있었으며, 여기에서는 모든 것이 바다와 모래와 태양, 피리 소리와 물소리로 인해 더욱 두드러진 이중의 침묵 가운데 정지해 있었다. 그 순간 나는 권총을 쏠 수도 있고 쏘지 않을 수도 있다고 생각했다. 하지만 갑자기 아랍인들이 뒷걸음질 치더니 바위 뒤로 사라져버렸다. 그래서 레이몽과 나는 갔던 길을 되돌아왔다. 그는 기분이 좀 나아진 듯했고, 집으로 돌아갈 버스 이야기를 했다.

나는 그와 별장까지 함께 갔고, 레이몽이 나무 계단을 올라가는 동안, 나는 첫 계단 앞에 서서, 그 나무 계단을 올라가야 하며 다시 여자들과 대면해야 할 것을 생각한다는 생각에 낙담한 채, 머리 위로 작열하는 태양을 맞고 있었다. 하지만 더위는 극심하여 하늘에서 쏟아지는 햇볕의 비를 맞으며 우두커니 서 있기도 괴로운 일이었다. 그러나 그곳에 그냥 머물러 있거나 어디로 가버리거나 결국 마찬가지였다. 잠시 후에 나는 다시 해변으로 발길을 돌렸고, 걷기 시작했다.

조금 전과 다름없이 모두가 붉게 이글거리고 있었다. 모래 위에서, 바다는 잔물결에 북받쳐 가쁜 숨결을 다하여 헐떡거리고 있었다. 나는 천천히 바위들을 향해 걸어갔고, 태양 아래서 이마가 부풀어 오르는 것을 느꼈다. 그 모든 열기가 나를 짓누르며 내가 앞으로 나아가는 것을 막고 있었다. 그리하여 얼굴 위에 엄청나게 무더운 바람이 와 닿을 때마다, 나는 이를 악물고, 바지 주머니 속의 주먹을 부르쥐고, 태양과 태양이 쏟아부어 주는 짙은 취기를 견디어 이기려고 전력을 다하여 몸을 버텼다. 모래나 흰

조개껍질이나 유리조각에서 빛이 칼날처럼 반짝거릴 때마다 턱이 움찔했다. 나는 오랫동안 걸었다.

나는 저 멀리 햇빛과 바다 먼지에 아른거리는 후광에 둘러싸인 거무스름한 바위 덩어리를 바라보고 있었다. 나는 그 바위 뒤의 시원한 샘을 생각했다. 나는 그 샘물의 속삭임을 다시 듣고 싶었고, 태양과 수고와 여자들의 울먹임을 벗어나고 싶었고, 그리고 마침내 그늘과 휴식을 찾고 싶었다. 하지만 좀 더 가까이 갔을 때, 나는 레이몽과 상대했던 녀석이 다시 돌아와 있는 것을 보았다.

그는 혼자였다. 그는 등을 대고 누운 채, 두 손을 목 밑에 괴고 쉬고 있었는데, 얼굴은 바위 그늘 속에, 몸은 태양 아래 있었다. 그의 푸른 작업복이 더위 속에서 김을 내고 있었다. 나는 조금 당황했다. 내게 그 사건은 이미 끝난 것이었고, 그 일은 생각지도 않고 그곳에 갔던 것이었다.

그는 나를 보자마자 몸을 조금 일으키더니, 주머니에 한 손을 넣었다. 나도 자연히 웃옷 속에 들어 있던 레이몽의 권총을 쥐었다. 그러자 그는 다시금 뒤로 물러섰지만, 주머니에서 손을 빼지는 않았다. 나는 그에게서 꽤 멀리, 십여 미터쯤 떨어져 있었다. 나는 절반쯤 감은 그의 눈꺼풀 사이로 이따금 그의 시선이 새어나오는 것을 간혹 짐작할 수 있었다. 그러나 대개는 그의 모습이, 타는 듯한 대기 속에서 나의 눈앞에 아른거리고 있었다. 파도 소리는 정오 때보다도 더욱 나른하고 더욱 가라앉았다. 여전히 같은 태양이었고, 여기까지 이어진 같은 모래 위에 같은 햇빛이었다. 벌써 두 시간 전부터 낮은 걸음을 멈추고, 두 시간 전부터 끓는 금속 같은 바닷가에 닻을 던졌던 것이다. 수평선 위로 조그만 증기선이 지나갔고, 내가 그것을 한쪽 눈 끝으로 검은 얼룩처럼 느낀 것은 아랍 사람으로부터 눈을 떼지 않고 있었기 때문이었다.

나는 발길을 돌리기만 하면 된다고 생각했고, 그러면 끝날 것이었다. 하지만 태양이 진동하는 해변 전체가 등 뒤에서 나를 떠밀고 있었다. 나는 샘을 향해 몇 걸음을 움직였다. 아랍인은 움직이지 않았다. 어쨌거나 그는 아직 내게서 꽤 멀리 떨어져 있었다. 아마도 그의 얼굴에 드리운 그늘 때문인지, 그는 웃고 있는 것처럼 보였다. 나는 기다렸다. 나는 뜨거운 햇볕에 뺨이 타는 듯했고, 땀방울이 눈썹에 맺히는 것을 느꼈다. 그것은 내가 엄마의 장례식을 치르던 그날과 똑같은 태양이었고, 그날과 똑같이 특히 머리가 아팠고, 이마의 모든 핏대가 한꺼번에 다 피부 밑에서 지끈거렸다. 나는 그 햇볕의 뜨거움을 더 이상 견딜 수 없어서, 앞으로 움직였다. 나는 그것이 어리석은 짓이며, 한 걸음 몸을 옮겨본댔자 태양으로부터 벗어날 수 없다는 것을 알고 있었다. 하지만 나는 한 걸음, 단 한 걸음 앞으로 나아갔다. 그러자 이번에는 아랍인이, 몸을 일으키지는 않고 칼을 뽑아서 태양 아래 서 있는 나에게 내밀었다. 햇빛이 칼 위에서 반사되었고, 번쩍거리는 긴 칼날이 되어 나의 이마를 찔렀다. 바로 같은 순간에, 눈썹에 맺혔던 땀이 한꺼번에 눈꺼풀 위로 흘러내려 미지근하고 두꺼운 막이 되어 눈두덩을 덮었다. 이 눈물과 소금의 장막에 가리어서 내 두 눈이 보이지 않았다. 다만 이마 위에 울리는 태양의 심벌즈 소리와, 칼에서 여전히 내 앞으로 뻗어 나오는 눈부신 빛의 칼날을 느낄 수 있을 뿐이었다. 그 뜨거운 칼날은 속눈썹을 쑤시고, 아픈 두 눈을 파헤쳤다. 모든 것이 흔들렸던 것은 바로 그때였다. 바다가 깊고 뜨거운 숨을 토해냈다. 하늘 전체가 활짝 열려서 불을 비오듯 쏟아놓는 것만 같았다. 내 온 몸이 긴장했고, 손으로 권총을 힘 있게 쥐었다. 방아쇠가 당겨졌고, 나는 권총 자루의 매끈한 배를 만졌다. 그리고 거기서부터, 건조하면서도 귀를 찢는 듯한 그 소리 속에서, 모든 것이 시작되었다. 나는 땀과 태양을 흔들었다. 나는 내가 낮의 균형을, 내가 행복을 느끼고 있던 해변의 이례적인 침묵을 깨뜨렸다는 것을 깨달았다. 그러자 나는 움직이지 않는 그 몸에다 다시 네 발을 쏘았고, 총알들은 깊이, 보이지도 않게 들어박혔다. 그것은 마치 내가 불행의 문을 두드리는 네 번의 짧은 노크 소리와도 같았다.

제2부

1

체포된 즉시, 나는 여러 번 심문을 받았다. 하지만 신원 확인을 위한 심문들이어서 시간이 오래 걸리지 않았다. 처음 경찰에서는 내 사건에 아무도 흥미를 느끼는 것 같지 않았다. 그런데 일주일 후에 예심 판사는 그와 반대로 나를 호기심 가득한 눈길로 바라보았다. 하지만 처음에 다만 나의 이름과 주소, 직업, 생년월일과 출생지를 물어보았다. 이후 내가 변호사를 선임했는지를 알고 싶어 했다. 나는 아니라고 말했고, 변호사를 반드시 세워야 하느냐고 물었다. "왜 그러시죠?"라고 그는 말했다. 나는 내 사건이 매우 간단한 것으로 생각한다고 대답했다. 그는 "그것도 하나의 의견이긴 하죠. 그러나 법률이라는 게 있어서, 당신이 변호사를 세우지 않으면 우리가 관선 변호사를 지정하게 됩니다."라고 말하면서 웃었다. 사법부가 그러한 자질구레한 일을 맡아주는 것은 매우 편리하다고 나는 생각했다. 나는 그런 생각을 그에게 말했다. 그도 내 말에 동의를 표했고, 법이 잘 되어 있다고 결론을 내렸다.

처음에, 나는 그를 심각하게 여기지 않았다. 그는 커튼을 둘러친 방에서 나를 맞아주었는데, 그의 책상 위에는 램프 하나만이 놓여 있어서, 그것이 내가 앉은 안락의자만을 비추고 있었을 뿐, 그는 어둠 속에 앉아 있었다. 이러한 장면의 묘사를 나는 전에 책에서 읽은 일이 있었기 때문에, 모두가 장난만 같았다. 하지만 대화가 끝난 뒤에 나는 그를 살펴보았고, 그가 얼굴이 말쑥한데 푸른 눈은 깊숙이 들어박히고, 키가 크고 회색 수염을 길게 길렀으며 수북한 머리털이 거의 백발에 가까운 것이 세련된 남자임을 나는 알 수 있었다. 그는 분별력이 있고, 입술을 쫑긋거리는 신경질적인 버릇이 있기는 해도 그럭저럭 호감을 가질 수 있는 듯이 보였다. 방을 나서면서 나는 그에게 손을 내밀려고까지 했었지만, 때마침 내가 사람을 죽였다는 사실을 떠올렸다.

그 다음 날, 변호사 한 명이 감옥으로 나를 찾아왔다. 키가 작고 통통한 사나이였는데, 꽤 젊어 보였고 머리칼을 정성스럽게 빗어 올려붙이고 있었다. 날씨가 더웠음에도 불구하고(나는 셔츠 차림이었다) 그는 어두운 양복 차림으로, 빳빳한 칼라에 검고 흰 굵은 줄무늬가 있는 이상스러운 넥타이를 매고 있었다. 그는 겨드랑이에 끼고 들어온 가방을 내 침대 위에 놓고 나서, 자기소개를 했고, 내 서류를 검토해보았다고 말했다. 그는 내 사건이 미묘한 것이긴 하지만, 만일 내가 그를 믿어준다면 재판에 이길 것을 의심치 않았다. 내가 고맙다고 하자, 그가 말했다. "핵심 문제로 들어갑시다."

그는 침대 위에 앉은 다음, 나의 사생활에 관하여 여러 가지로 정보를 수집했다고 밝혔다. 내 어머니가 최근에 양로원에서 사망한 사실을 알게 되었다. 그래서 마랑고에서 조사가 이루어졌다. 수사관들이 엄마의 장례식 날 '내가 무덤덤한 태도로 임했다'는 사실을 알게 되었다. "사실 당신에게 이런 걸 묻는 것은 거북한 일이지만, 이건 매우 중요합니다. 그리고 만약에 내가 거기에 답변할 만한 것을 찾아내지 못한다면 그것은 기소의 중대한 논거가 될 것입니다."라고 변호사가 내게 말했다. 그는 내가 도와주기를 원했다. 그는 그날 내가 슬펐었는지 여부를 물었다. 이 질문은 나를 몹시 놀라게 했는데, 만약에 내가 그런 질문을 해야만 될 처지라면 나는 매우 거북했을 것이라고 여겨졌기 때문이었다. 그러나 나는 자문해보는 습관을 좀 잃어버려서, 정확하게 설명할 수는 없다고 대답했다. 물론 나는 엄마를 정말 사랑했었지만, 그러나 그런 것은 아무 의미도 없었다. 정상적인 사람들은 누구나 사랑하는 사람들의 죽음을 다소간 원했었다. 여기서 변호사는 내 말을 가로막았는데, 매우 흥분한 듯 보였다. 그는 그러한 말은 법정에서나 수석 판사의 방에서는 하지 않겠다는 약속을 나에게 시켰다. 그럼에도 나는, 나에게는 육체적 욕구가 흔히 감정을 흐트러트리는 경우가 있다고 그에게 설명해주었다. 엄마의 장례를 치르던 날, 나는 너무 피곤했고, 그래서 졸음이 왔었다. 그렇기 때문에 그날 무슨 일이 있었는지 잘 알 수가 없다. 내가 확실히 말할 수 있는 것은, 엄마가 죽지 않았으면 더 좋았을 것이라는 것이다. 하지만 내 변호사는 만족스러운 표정이 아니었다. "그것으로는 충분하지 못합니다."라고 그는 나에게 말했다.

그는 생각에 잠겼다. 그는, 그날 내가 자연스러운 감정을 억제했다고 말할 수 있느냐고 물었다. "아뇨, 그건 거짓말입니다."라고 나는 대답했다. 그는 마치 내가 약간의 혐오감을 일으키기라도 하듯이 이상한 태도로 나를 바라보았다. 어쨌든 양로원의 원장과 직원들이 증인으로 심문을 받을 터인데, "그러면 나에게 퍽 불리한 결과가 될지도 모른다."고 거의 쌀쌀맞다 싶은 어조로 나에게 말했다. 그런 이야기는 내 사건과 아무 관계도 없다는 것을 나는 지적했지만, 그는 다만, 내가 재판과 관계를 가져본 적이 없다는 것을 그만하면 뻔히 알 만하다고만 대답했다.

그는 화가 난 얼굴로 나가버렸다. 나는 그를 좀 더 붙잡아두고서, 그의 호감을 사고 싶다는 것, 그런데 그것은 나를 잘 변호해주기를 바라서가 아니라 이를테면 저절로 그렇게 하고 싶은 생각이 들어서라는 것을 설명하고 싶었다. 무엇보다도 내가 그를 불편하게 만들고 있다는 것을 알 수 있었다. 그는 나를 이해하지 못하고 오히려 원망하고 있었다. 나는 내가 다른 사람들과 다른 게 없다는 것, 조금도 다른 게 없다는 것을 그에게 강조해 말하고 싶었다. 그러나 그러한 모든 것은 결국 별로 소용이 없는 일이고 또 난 게을러서 단념하고 말았다.

얼마 뒤에 나는 다시 예심판사 앞으로 이끌려갔다. 오후 두 시였는데, 이번에는 그의 사무실은 얇은 커튼을 뚫고 새어드는 빛으로 가득 차 있었다. 매우 더웠다. 그는 나를 앉힌 다음 퍽 정중하게, 나의 변호사는 "부득이한 사정으로" 오지 못했다고 말해주었다. 그러나 나에겐 그의 심문에 대답하지 않고 변호사의 도움을 받을 때까지 기다릴 권리가 있었다. 나는 혼자서라도 대답할 수 있다고 말했다. 그는 책상 위의 벨을 눌렀다. 젊은 서기가 들어오더니 바로 내 등 뒤에 자리잡고 앉았다.

우리 둘 모두는 안락의자에 깊숙이 앉았다. 심문이 시작되었다. 판사는 먼저, 사람들은 내가 말이 적고 내성적인 성격을 가졌다고 하는데 어떻게 생각하느냐고 물었다. "난 별로 할 말이 없으니까요. 그래서 말이 없어요."라고 나는 대답했다. 그는 첫 심문 때처럼 빙그레 웃었고, 그건 참 지당한 이유라고 말한 다음, "하기야 그런 건 대수롭지 않은 일입니다."라고 덧붙였다. 그는 이야기를 끊고, 나를 보고 있더니, 갑자기 어깨를 으쓱하면서, "내가 알고 싶은 것은 당신입니다."라고 빠른 어조로 말했다. 나는 그가 무슨 말을 하는 것인지 잘 알 수 없었으므로 아무 대답도 하지 않았다. 그는 이어서, "당신의 행동에는 나로선 이해하기 곤란한 점들이 있어요. 그것을 이해할 수 있도록 당신이 도와줄 거라고 나는 확신합니다."라고 말했다. 나는 모두 지극히 간단한 일들뿐이라고 말했다. 그날 있었던 사건을 이야기해보라고 판사는 재촉했다. 나는 그에게 이미 한 번 이야기한 것을 되풀이했다. 레이몽, 해변, 해수욕, 싸움, 다시 해변, 조그만 샘, 태양 그리고 다섯 방의 총알. 한마디 할 적마다 그는 "좋아요, 좋아."라고 했다. 쓰러진 시체에 이야기가 미치자 그는 "그래요."라고 하면서 내 얘기를 수긍했다. 나는 그처럼 같은 이야기를 되풀이하는 것에 지쳤었고, 그렇게 이야기를 많이 해본 적은 여태껏 없었던 것 같았다.

잠시 동안 아무 말이 없다가 그는 일어서더니 나를 도와주고 싶다면서, 내가 퍽 재미있는 사람이라고 하더니 하느님의 도움을 얻어 나를 위해 무슨 일을 해줄 수 있을 것이라고 말했다. 그러나 먼저 그는 나에게 몇 가지 더 질문을 하고 싶어 했다. 그러더니 다짜고짜로, 내가 엄마를 사랑했었는지 물었다. "네, 모든 사람처럼요."라고 나는 대답했다. 그러자 그때까지 규칙적으로 타이프를 치고 있던 서기가 키를 잘못 짚었던지, 당황해하면서 다시 뒤로 물려 고치지 않으면 안 되었다. 여전히 확연한 논리도 없이, 판사는 이번엔 다섯 발을 연달아서 권총을 발사했는지 물었다. 나는 잠시 생각을 하고 나서, 처음에 한 발을 쏘고 몇 초 후에 다시 네 발을 쏘았다고 설명했다. 그러자 그는 "첫 발과 둘째 발 사이에 왜 기다렸습니까?"라고 말했다. 다시 한 번 붉은 바닷가가 눈에 선해지면서 나는 뜨거운 햇살을 이마 위에 느꼈다. 하지만 이번에는 나는 아무 대답도 하지 않았다. 그 뒤로 침묵이 계속되는 동안 판사는 흥분한 눈치였다. 그는 의자에 걸터앉아 머리털을 헝클면서 책상 위에 팔꿈치를 괸 다음, 야릇한 표정으로 나에게 약간 몸을 굽혔다. "왜, 왜 당신은 땅에 쓰러진 시체에다 대고 쏘았냐고요?" 그 물음에도 나는 대답할 수가 없었다. 판사는 두 손으로 이마를 짚고 목소리조차 약간 변하여, "왜 그랬습니까? 그것을 말해줘야 합니다. 왜 그랬습니까?"라고 되물었다. 나는 여전히 말을 하지 않고 있었다.

갑자기 그는 일어서서 사무실 한쪽 끝으로 성큼성큼 걸어가더니 서류함의 서랍을 열었다. 거기서 은으로 만든 십자가 하나를 꺼내가지고, 그는 그것을 휘두르며 나에게로 돌아왔다. 그러고는 여느 때와는 아주 다른, 거의 떨리는 목소리로 외쳤다. "당신은 이것을, 이 사람을 압니까?" "물론 압니다."라고 나는 말했다. 그러자 그는 흥분하여 빠른 어조로, 자기는 신을 믿는다는 것과, 신이 용서하지 않을 만큼 죄가 많은 사람은 하나도 없지만, 용서를 받으려는 사람은 뉘우치는 마음으로 어린애처럼 되어 정신을 깨끗이 비우고 모든 것을 받아들일 준비를 하지 않으면 안 된다는 것이 그의 신념이라고 말했다. 그는 온몸을 책상 너머로 기울이고 십자가를 거의 내 머리 위에서 휘두르고 있었다. 사실인즉 나는 그의 이론을 뒤쫓아 가기가 매우 어려웠는데, 무엇보다도 내가 몹시 더웠고 그의 사무실에는 큼직한 파리들이 있어서 그것들이 얼굴에 달라붙었기 때문이고, 또 나는 그의 태도에 좀 겁이 나기도 했다. 그와 동시에 판사의 하는 짓이 우스워 보였다. 왜냐하면 결국 죄를 지은 사람은 나였기 때문이다. 그러나 그는 그의 이야기를 계속했다. 내가 대강 알아들은 바에 의하면, 그의 의견으로서는 나의 고백에 오직 한 가지만이 모호하다는 것이었다. 즉, 둘째 발을 쏘기 전에 기다렸다는 사실 말이다. 그 밖의 다른 것들은 다 좋은데, 오직 그 점이 그에게는 이해되지 않는다는 것이다.

그가 고집을 부리는 것은 잘못이고, 그 마지막 문제는 그다지 중요하지 않다고 나는 그에게 말할까 했다. 그러나 그는 나의 말을 가로막고, 다시 한 번 전신을 일으켜 나더러 신을 믿느냐고 물으면서 훈계를 했다. 나는 아니라고 대답했다. 그는 분연히 앉아 버렸다. 그럴 수는 없다고 하며 누구나, 비록 신을 외면하는 사람일지라도, 신을 믿는 법이라고 말했다. 그것이 그의 신념이었고, 만약 그것을 조금이라도 의심해야 한다면 그의 삶은 무의미해지고 말리라는 것이었다. "나의 삶이 무의미해지기를 당신은 바랍니까?"라고 그는 외쳤다. 내 생각으로서는 그것은 나와는 아무 관계도 없는 일이었다. 나는 그에게도 그렇게 말했다. 그러나 그는 벌써 책상 너머로 그리스도의 십자가상을 나의 눈앞에다 내밀고 미친 듯이 소리를 지르는 것이었다. "나는 기독교 신자야. 나는 이분에게 네 죄에 대해 용서를 구하고 있어. 어째서 너는 그리스도가 너를 위하여 괴로움을 당하셨다는 것을 믿지 않는단 말인가?" 나는 그가 나에게 반말을 쓰는 것을 알아차렸다. 그러나 나는 이제는 진절머리가 났다. 더위는 점점 더 심해졌다. 별로 이야기를 듣고 싶지도 않은 사람으로부터 벗어나고 싶을 때 내가 늘 하는 것처럼, 나는 그의 말을 수긍하는 체했다. 그랬더니 놀랍게도 그는 의기양양해서, "그렇지, 너도 믿지 않아? 신께 마음을 바치겠지?"라고 말했다. 물론 나는 다시 한 번 아니라고 했다. 그는 다시금 안락의자에 주저앉고 말았다.

그는 매우 피곤한 듯했다. 잠시 그는 아무 말도 없었으나, 그

동안에도 대화를 뒤쫓아 멈추지 않고 있던 타이프가 마지막 이야기를 계속하여 치고 있었다. 이윽고 그가 나를 약간 슬픈 표정으로 물끄러미 바라보고 나서, "당신처럼 고집 센 사람은 처음 봅니다."라고 중얼거렸다. "내 앞으로 온 죄인들은 이 고뇌의 형상을 보고는 모두 울었어요." 나는, 그것은 바로 그들이 죄인이었으니까 그렇다고 대답하려 했다. 그러나 나도 그들과 같은 사람이라는 것을 생각했다. 그것은 나로서는 도무지 실감이 나지 않는 생각이었다. 그때 판사가 일어섰다. 심문이 끝났다는 것을 의미하는 듯했다. 그는 여전히 좀 피곤한 표정으로 내가 한 행동을 후회하고 있느냐 하고 물었다. 나는 잠깐 생각을 하고 나서, 진정한 후회라기보다는 차라리 일종의 귀찮음을 느낀다고 대답했다. 나는 그가 나를 이해하지 못하는구나 하는 인상을 받았다. 그날은 이야기는 그것으로 그치고 더 진전되지 못했다.

그뒤 나는 여러 번 예심판사를 만났다. 다만 만날 때마다 나는 변호사를 동반했다. 이야기는 다만 나로 하여금 앞서 한 진술의 어떤 점을 좀 더 자세히 말하게 하는 정도에 그쳤다. 그렇지 않으면 판사는 나의 변호사와 변호사 비용에 관한 이야기를 하는 것이었다. 그러나 실상 그때마다 그들은 나를 조금도 돌보지 않았다. 어쨌든 차츰차츰 심문의 방식이 달라졌다. 판사는 이미 나에게는 관심이 없는 것 같았고, 이를테면 내 사건의 성격을 규정지어버린 모양이었다. 그는 다시는 나에게 신에 대한 이야기를 하지 않았으며, 나는 첫날처럼 흥분한 그를 다시 보지도 못했다. 그

결과 우리들의 대화는 점점 화기애애해졌다. 몇몇 질문이 있고, 나의 변호사와 좀 이야기를 하고 나면 심문은 끝나는 것이었다. 나의 사건은, 판사 자신의 말에 의하면 착착 진척되어가고 있었다. 어떤 때는 대화가 일반적 성질을 띠게 되면, 나도 거기에 한몫 끼곤 했다. 나는 그제야 숨을 쉴 수 있었다. 그런 때에는 아무도 나에게 악의를 보이지 않았다. 모든 것이 자연스럽고 규모 있고 수수하게 꾸며져서, 나는 '한 가족이 된 것 같은' 어처구니없는 인상을 받는 것이었다. 이리하여 십일 개월 동안이나 계속된 예심을 치르고 나서 나는, 이따금 판사가 그의 방문까지 나를 배웅하고 어깨를 두드리며, "오늘은 끝났습니다. 반기독자 양반."이라고 하면서 다정스럽게 이야기해주던 그 흔하지 않은 순간을 무엇보다도 즐겼었다는 사실에 스스로도 놀랐다고 말할 수 있다. 판사의 방문을 나서면 나는 다시 경관의 손에 맡겨지는 것이었다.

2

결코 이야기하고 싶지 않았던 일들도 있다. 감옥에 들어와서 며칠이 지나자, 나는 장차 나의 삶의 그 시기에 대해서는 이야기하고 싶지 않게 되리라는 것을 깨달았다.

시간이 흐른 이후, 그러한 혐오는 더 이상 대수롭지 않게 여겨지게 되었다. 사실인즉, 처음에는 감옥에 있다는 실감이 나지 않았던 것이다. 나는 막연히 무슨 새로운 사건을 기다리고 있었다. 모든 것이 시작된 것은, 다만 마리의 최초의, 그리고 유일한 방문을 받은 다음부터였다. 그녀의 편지를 받은 날부터(나의 아내가 아니라고 해서 이제는 면회를 허가하지 않는다고, 그 편지에서 마리는 말하고 있었다), 그날부터, 나는 독방이 내 집이고 나의 생활은 그 속에 한정되어 있음을 느끼게 되었다. 체포되던 날 우선 나는 이미 여러 사람의 수감자들이 들어있는 감방에 갇히게 되었는데, 대부분이 아랍 사람들이었다. 그들은 나를 보고 웃더니 무엇을 했느냐고 나에게 물었다. 아랍인을 한 명 죽였다고 대답하니까, 그들은 잠잠해졌다. 그러나 잠시 후 저녁이 되었다. 그들은 누워 잘 때 돗자리를 어떻게 펴는지를 설명해주었다. 한쪽 끝을 말아서 베개로 사용할 수 있다는 것이었다. 밤새도록 빈대들이 얼굴 위를 기어 다녔다. 며칠 후에 나는 독방으로 격리되어 판자 위에서 자게 되었다. 변기통과 쇠로 만든 대야가 있었다. 감옥은 도시 맨 꼭대기에 있었으므로, 조그만 창문으로 바다가 보였다. 어느 날 철창에 달라붙어 빛을 향하여 얼굴을 내밀고 있으려니까, 바로 그때 간수가 들어와서 면회하러 온 사람이 있다고 말했다. 마리로구나 하고 나는 생각했다. 과연 마리였다.

면회실로 가기 위하여 긴 복도를 거쳐서 층계를 지나, 끝으로 또 다른 복도를 걸어갔다. 그리하여 넓은 창으로 빛이 들어오는 아주 큰 방에 들어섰다. 방은, 길이로 칸을 자른 커다란 두 개의 철책에 의해 셋으로 나뉘어 있었다. 두 철책 사이에는 팔 미터 내지 십 미터 가량 되는 간격이 있어서, 면회인과 죄수를 갈라놓고 있었다. 내 앞에 줄무늬가 있는 옷을 입고 얼굴이 햇볕에 그을린 마리가 보였다. 내가 서 있는 쪽에는 수감자들이 십여 명 있었는데, 대부분 아랍인들이었다. 마리는 무어인들에게 둘러싸여 면회 온 두 여자 사이에 끼여 있었다. 한 여자는 입을 꼭 다물고 검은 옷을 입은 키가 자그마한 노파였고, 또 다른 여자는 머리에 아무것도 두르지 않고 뚱뚱했는데, 몸짓을 많이 섞어가며 목청을 돋우어서 지껄이고 있었다. 철책 사이의 거리 때문에 면회인이나 죄수들은 아주 큰 목소리로 이야기하지 않으면 안 되었다. 내가 방 안에 들어섰을 때, 그 방의 크고 텅 빈, 담벼락에 반사되어 울리는 소란한 목소리와, 하늘로부터 유리창 위에 쏟아져서 방 안으로 뻗쳐 들어오는 거센 빛으로 말미암아 나는 얼떨떨했다. 내 독방은 보다 더 조용하고 어두웠다. 그곳에 익숙하기에는 잠시 동안의 시간이 필요했다. 그러나 마침내 나는 밝은 빛에 드러난 얼굴들을 똑똑히 볼 수 있게 되었다. 간수 한 사람이 철책 사이의 복도 끝에 앉아 있는 것을 보았다. 대부분의 아랍인 죄수들과 그 가족들은 서로 마주 향한 채 웅크리고 앉아 있었다, 그들은 소리를 지르지는 않았다. 그처럼 소란스러운 가운데서도 그들은 나직이 말을 하여 의사가 통하는 것이었다. 아래로부터 올라오는 그들의 희미한 속삭임은 그들의 머리 위에서 교차하는 말소리에 대해 줄곧 일종의 저음부를 이루고 있었다. 그러한 모든 것을 나는 마리에게로 다가가면서 한순간에 알아챘다. 벌써 철책에 달라붙어서, 마리는 있는 힘을 다하여 나에게 웃어 보이고 있었다. 나는 그녀가 매우 아름답다고 생각했으나, 그런 말을 그녀에게 하지는 못했다.

"그래 어때?"라고 그녀는 아주 큰소리로 말했다. "그냥, 괜찮아."—"좋아 보여, 필요한 건 다 있어?"—"응. 다 있어."

우리는 입을 다물었고, 마리는 여전히 미소 짓고 있었다. 뚱뚱한 여자는 내 옆의, 아마도 그녀의 남편인 듯, 솔직한 눈매를 가진 키가 큼직한 금발의 남자를 향해 울부짖고 있었다. 그들은 무슨 말인지 이미 시작된 대화를 계속하고 있는 것이었다.

"잔은 그 녀석을 붙잡으려고 하질 않아요."라고 여자는 소리소리 지르고 있었다.—"그래, 그래"라고 사내는 말했다.—"당신이 나오면 그 녀석을 꼭 붙잡을 것이라고 말했지만, 그래도 붙잡으려고 하지를 않아요."

그때 마리도 레이몽이 내게 안부를 전하더라고 소리를 질러서 나는 "고마워."라고 말했다. 그러나 내 목소리는, "그 녀석은 잘 있느냐."고 묻는 나의 옆 사나이의 목소리에 뒤덮여버리고 말았다. 그의 아내는, "더할 나위 없이 몸이 좋아졌어."라고 말하면서 웃었다. 내 왼편에 있는, 손이 가냘프고 키가 작은 청년은 아무 말이 없었다. 그는 자그마한 노파와 마주 대하고 두 사람 다 뚫어지게 서로 마주보고 있었다. 그러나 나는 그들을 더 관찰할 여유가 없었다. 희망을 가져야 한다고 마리가 외쳤기 때문이다. 나는 "그래."라고 대답했다. 그와 동시에 나는 그녀를 바라보고, 입은 원피스 위로 드러난 그녀의 어깨를 껴안고 싶었다. 나는 그 얇은 천에 욕망을 느꼈다. 그리고 그 천 이외의 무엇에 희망을 가져야 할 것인지 알 수가 없었다. 마리가 하고자 한 말도 아마 그런 뜻이었으리라. 그녀가 줄곧 미소를 짓고 있었으니까 말이다. 이제 나에게는 그녀의 반짝이는 치아와 눈가의 잔주름밖에 보이지 않았다. 그녀는 다시 외쳤다. "곧 나오게 될 거야. 그러면 우리 결혼해." 나는 "그렇게 생각해?"라고 대답했지만, 그것은 무엇보다도 무슨 말이건 하기 위해서였다. 그러자 그녀는 아주 빨리, 그리고 여전히 높은 음성으로 정말이라고 하며 석방이 되면 또 해수욕을 하러 가자고 말했다. 그러나 곁에 있던 여자도 고함을 지르며, 영치과에 바구니를 맡겼다고 말하고, 그 속에 넣은 것을 일일이 주워섬겼다. 돈이 많이 든 것이니, 없어진 게 없나 확인해볼 필요가 있다는 것이었다. 내 왼편의 청년과 그의 어머니는 여전히 서로 마주보고 있었다. 아랍인들의 웅얼거리는 소리는 우리의 말소리보다 낮게 계속되고 있었다. 밖에서는 빛이 포구에 부딪쳐 부풀어 오르는 것 같았다.

나는 몸이 좀 불편해지는 것을 느끼어, 밖으로 나오고 싶었다. 시끄러운 소리 때문에 기분이 언짢았다. 그러면서도 한편으로는 마리가 있을 때 좀 더 보고 싶었다. 그 뒤로 얼마나 시간이 지났는지 모른다. 마리는 자기 일에 관한 이야기를 하며 끊임없이 웃고 있었다. 속살거리는 소리, 외치는 소리, 주고받는 이야기 소리가 서로 교차했다. 내 옆에서 서로 마주 바라보고 있는 젊은이와 노파, 두 사람만이 침묵의 섬을 이루고 있었다. 아랍인들이 점차 빠져나갔다. 처음 사람이 나가자마자, 거의 모든 사람이 일시에 말을 뚝 그쳤다. 키가 작은 노파가 철책 창살로 다가섰고 그와 동시에 간수가 그의 아들에게 눈짓을 했다. 아들이, "잘 가요, 엄마."라고 말하자, 노파는 창살 사이로 손을 들이밀어 한참 동안 아들에게 천천히 조그맣게 손짓을 했다.

노파가 나가자 그 사이에 남자 한 사람이 모자를 손에 들고 들어와서 그 자리를 차지했다. 그러자 죄수 한 사람이 끌려 들어왔고, 그들은 활기 있게 이야기를 시작했는데 목소리는 낮았다. 방

안이 다시금 조용해졌기 때문이었다. 내 오른편에 있는 사내가 불리어 나갈 차례가 되자, 그의 아내는 마치 소리를 크게 지를 필요가 없어진 것을 알아차리지 못한 듯이, 목소리를 낮추지 않고 말했다. "몸조심하시고, 주의하세요." 그 다음에 내 차례가 되었다. 마리는 키스를 보낸다는 뜻의 시늉을 했다. 나는 방을 나서기 전에 돌아다보았다. 그녀는 얼굴을 창살에 비벼대며 여전히 환하면서도 일그러진 미소를 지으며 우두커니 서 있었다.

그녀가 내게 편지를 보낸 것은 얼마 지나지 않아서였다. 내가 절대로 이야기하고 싶지 않았던 일이 시작된 것이 바로 그때부터였다. 어쨌든 무엇이나 과장은 하지 말아야 하는 법인데, 그것은 다른 무엇보다도 내게는 더 쉬운 일이었다. 그럼에도 처음 감옥에 수감되어서 나에게 가장 괴로웠던 일은, 내가 자유인처럼 생각을 한다는 것이었다. 가령 바닷가로 가서 물속으로 들어가고 싶은 욕망이 솟곤 하는 따위인데, 발밑의 풀에 부딪치는 첫 물결 소리, 물속에 몸을 담그는 촉감, 거기서 느끼는 해방감, 그런 것들을 상상할 때, 갑자기 나는 감옥의 벽이 그 얼마나 답답한가를 느끼는 것이었다. 그러나 그것이 몇 달 동안 계속되었다. 그 다음에는 죄수로서의 생각밖에 없었다. 나는 매일 안뜰에서 하는 산책이나 변호사의 방문을 기다리곤 했다. 나머지 시간은 이럭저럭 잘 보낼 수 있었다. 그 당시 나는, 만약 마른 나무 둥치 속에 들어가 살게 되어 머리 위 하늘에 피는 꽃을 바라보는 것밖에 다른 일이라곤 아무것도 없게 된다고 하더라도, 차츰 그런 생활에 익숙하게 되리라고 생각했다. 그러면 나는 지나가는 새들이나 마주치는 구름들을 기다렸을 것이다. 마치 여기서 변호사의 야릇한 넥타이가 나타나기를 기다리듯이, 또 저 바깥세상에서 마리의 육체를 껴안을 것을 기다리며 토요일까지 참고 지냈듯이. 그런데 가만 생각해보면, 나는 마른 나무 둥치 속에 들어 있는 것은 아니었다. 나보다 더 불행한 사람들도 있었다. 사실 이건 엄마의 생각이었는데, 엄마는 늘 말하기를, 사람은 무엇에나 결국은 익숙해지는 것이라고 했다.

더군다나 보통 내가 그런 지경에까지 이르는 경우는 없었다. 처음 몇 달 동안은 괴롭기는 했지만, 바로 그것을 치르는 노력이 그 몇 달 동안을 지내는 데 도움이 된 것이다. 가령 여자에 대한 욕정이 고통거리였다. 나는 젊었으니까 그것은 당연한 일이었다. 특히 마리만을 생각하는 것은 아니었다. 그러나 나는 모든 기회에 좋아하여 사귀었던 그저 어떤 여자, 여러 여자들, 모든 여자들 생각을 어찌나 했는지 나의 독방은 그 여자들의 얼굴로 가득 들어차고 내 정욕으로 충일했다. 어느 면에서 그것들은 나의 마음을 어지럽게 하였으나, 또 다른 면에서는 시간을 보낼 수 있게 해주었던 것이다. 나는 마침내, 식사시간에 주방 소년과 같이 오곤하던 간수장의 동정을 얻게 되었다. 여자 이야기를 먼저 끄집어낸 것은 그였다. 다른 사람들도 첫째로 호소하는 것이 그것이라고 그는 말했다. 나는 그에게, 나도 다른 사람들과 마찬가지이며 그런 대우는 부당하다고 생각한다고 말했다. "그러나 당신네들을 감옥에 가두는 것은 바로 그 때문이라오."라고 그는 말했다. "아니, 그 때문이라니요?" "아무럼, 자유라는 게 바로 그런 거라고요. 당신네들에게 그 자유를 빼앗는 거란 말이오." 나는 한 번도 그런 것을 생각해본 일이 없었다. 나는 그에게 동의를 표시하며 "참 그렇긴 해. 그렇지 않다면 징벌이라는 게 어디 있겠어요?" 하고 말했다. "그래요. 당신은 참 이해심이 많군요. 다른 사람들은 그렇지 못해요. 그렇지만 결국 그들도 스스로 욕구를 채우게 된답니다." 그러고 나서 간수는 가버렸다.

또 담배도 고통거리였다. 감옥에 들어왔을 때 나는 허리띠, 구두끈, 넥타이, 그리고 주머니에 지니고 있던 모든 것, 특히 담배를 빼앗겼다. 일단 독방으로 옮겨 담배를 돌려달라고 청하여보았지만, 그것은 금지되어 있다는 것이었다. 처음 며칠 동안은 매우 괴로웠다. 내게 가장 고통을 준 것은 아마 이것이었을 게다. 나는 침대 판자에서 뜯어낸 그 나뭇조각을 빨곤 했다. 온종일 끊임없이 구역질이 따라다녔다. 아무에게도 해가 되지 않는 그것을 왜 빼앗아버리는 것인지 알 수가 없었다. 나중에야 나는 그것도 징벌의 일부임을 깨달았다. 그러나 그때는 벌써 담배를 피우지 않는 일에 익숙해져서, 그것은 이미 나에게는 아무 징벌도 되지 못했다.

그러한 불편을 제외하면, 나는 그다지 불행하지도 않았다. 거듭 말하자면, 문제는 다만 시간을 보내는 것이었다. 과거를 추억하는 것을 배운 뒤부터는, 심심하여 괴로운 일은 없게 되었다. 가끔 나는 내 방을 생각했다. 머릿속으로 방의 한구석에서 출발해 한 바퀴 돌아서 다시 출발점으로 되돌아오는 것인데, 그러면서 도중에 있는 것을 모두 마음속으로 따져보곤 했다. 처음에는 아주 빨리 끝나버렸다. 그러나 다시 되풀이할 적마다 조금씩 길어지는 것이었다. 왜냐하면 있는 가구를 하나하나씩 기억해내고, 그 가구마다 그 속에 들어있는 물건들을 하나하나씩 기억했고, 또 그 물건마다 그 세부를 골고루 생각하고, 그러한 세부에 있어서도 상감이라든지 갈라진 틈이라든지 이가 빠진 가장자리라든지 그런 것들에 관해서, 그 빛깔 또는 결 같은 것을 생각했기 때문이다. 그와 동시에 나는 내 목록의 줄거리를 파악하여 온전한 일람표를 만들기에 힘썼다. 그리하여 몇 주일 후에는, 내 방 안에 있는 것들을 따져 보는 것만으로도 여러 시간을 보낼 수 있었다. 그처럼 생각을 하면 할수록 나는 등한히 했던 것, 잊어버렸던 것들을 기억으로부터 이끌어낼 수 있었다. 그때 나는 바깥세상에서 단 하루만이라도 산 사람이면 감옥에서 백 년쯤은 어렵지 않게 살 수 있을 것이라고 생각했다. 그런 사람이라도 얼마든지 추억할 거리가 있어 심심하지는 않을 것이다. 어떻게 생각하면 그건 유리한 일이었다.

또 잠도 고통거리였다. 처음에는 밤에도 자기 어려웠고, 더군다나 낮에는 조금도 잘 수가 없었다. 차츰 밤에 자기가 수월해졌고, 낮에도 잘 수 있게 되었다. 마지막 몇 달 동안은 하루에 열여섯 시간 내지 열여덟 시간씩 잤다고 할 수 있다. 그러니까 남는 여섯 시간만 보내면 되었는데, 그것은 식사며 대소변이며 추억이며 체코슬로바키아 이야기로 보내면 되는 것이었다.

밀짚을 넣은 매트와 침대 판자 사이에서, 사실 나는 한 조각의 옛 신문을 발견했던 것이다. 천에 거의 들러붙어서 노랗게 빛이 바래고 앞뒤가 비쳐 보였다. 첫 대목은 떨어져 나가고 없었으나, 체코슬로바키아에서 일어난 듯한 잡보 기사가 실려 있었다. 어떤 남자가 체코의 어떤 마을에서 돈벌이를 떠났다가 이십오 년 후에 부자가 되어 아내와 어린애 하나를 데리고 돌아왔다. 그의 어머니는 그의 누이와 함께 고향마을에서 여관을 경영하고 있었다. 그들을 놀래주려고 사내는 처자를 다른 여관에 남겨두고 어머니의 집으로 갔었는데, 그가 들어갔을 때 어머니는 그를 알아보지 못했다. 그는 장난삼아 방을 하나 잡자는 생각을 했다. 그리고 자기가 지닌 돈을 보였다. 밤중에 그의 어머니와 누이는 그를 망치로 때려죽이고 돈을 훔친 다음 시체를 강물 속에 던져버렸다. 아침이 되자, 사내의 아내가 찾아와서 자연히 여행자의 신분이 밝혀졌다. 어머니는 목을 맸다. 누이는 우물 속에 몸을 던졌다. 나는 그 이야기를 아마 수천 번은 읽었을 것이다. 한편으로 그것은 있을 법하지 않은 이야기였지만, 또 한편으로는 그럴 법도 한 이야기였다. 어쨌든 그런 결과에 대하여는 여행자에게도 어느 정도 책임이 있으므로, 장난이란 함부로 할 것이 아니라는 생각이 들었다.

그처럼, 잠자는 시간, 회상하기, 사건 기사 읽기, 빛과 어둠의 교차와 더불어 시간이 지나갔다. 감옥에 있으면 시간 개념을 잃어버리고 만다는 것을 나도 분명히 읽은 일이 있었다. 하지만 그때는 그러한 것이 별로 나에게는 의미를 갖지 못했었다. 하루하루가 얼마나 길고 동시에 짧을 수가 있는 것인지 나는 알지 못했던 것이다. 지내기는 물론 길지만 하도 길게 늘어져서 하루는 다른 하루로 넘쳐서 경계가 없어지고 마는 것이었다. 세월이라는 말조차 의미를 잃고 마는 것이었다. 오직 어제 혹은 내일이라는 낱말만이 나에게는 의미가 있었다.

내가 들어온 지 다섯 달이 지났다고 하는 말을 어느 날 간수로부터 들었을 때, 나는 그의 말을 믿기는 했지만 그 말을 이해할 수는 없었다. 나로서는 언제나 같은 날이 내 감방으로 밀려오는 것이었고 나는 언제나 같은 일을 계속하고 있는 것이었다. 그날 간수가 가버린 뒤에 나는 쇠로 만든 밥그릇에 비친 나의 얼굴을 들여다보았다. 내 모습은 내가 그것을 보고 아무리 웃으려고 해도 여전히 정색을 하고 있었다. 나는 그 모습을 내 앞에서 흔들어보았다. 나는 빙그레 웃었으나, 비쳐진 얼굴은 여전히 무뚝뚝하고 슬픈 표정이었다. 날이 저물어가고 있었다. 나에게 있어서는 이야기하고 싶지 않은 시간, 무어라고 형언할 수 없는 시간이었다. 감옥의 모든 층 여기저기로부터 저녁의 소리가 침묵의 행렬을 지어 올라오는 그러한 시간이었다. 나는 천장으로 뚫린 창문으로 다가가서, 마지막 빛 속에 다시 한 번 내 모습을 들여다보았다. 여전히 심각한 표정이었으나, 그야 놀라울 게 없었다. 나는 그때 사실 무뚝뚝한 얼굴을 하고 있었던 것이니까. 그러나 그와 동시에, 몇 달 만에 처음으로 나는 내 목소리를 똑똑히 들었다. 나는 그것이 오래 전부터 내 귀에 울리고 있었던 소리임을 알아차리고, 그동안 줄곧 내가 혼자서 이야기를 하고 있었다는 것을 깨달았다. 그때 나는 엄마의 장례식 날, 간호사가 하던 이야기가 생각났다. 정말 빠져 나갈 길이 없는 것이다. 그리고 감옥 안의 저녁이 어떤 것인지 아무도 상상할 수는 없는 것이다.

3

사실 여름은 빨리 지나갔고 다시 여름이 되었다고 말할 수 있다. 첫 더위가 심해짐에 따라 내게 새로운 어떤 일이 생기리라는 것을 나는 알고 있었다. 내 사건은 중죄 재판소의 마지막 회기에 잡혀 있었는데, 그 회기는 유월에 끝날 것이었다. 변론이 시작되었을 때, 밖에는 햇빛이 가득했다. 내 변호사는 변론이 이삼 일 이상은 계속되지 않을 것이라고 나를 안심시켰다. "게다가 당신의 사건이 이번 회기의 제일 중요한 사건이 아니니까, 법정도 서두를 거예요. 이후 곧바로 존속살해 사건을 심의하게 될 것입니다."라고 그는 덧붙였다.

아침 일곱 시 반에 나를 데리러 왔고, 나는 죄수 호송차로 법원까지 실려 갔다. 두 명의 간수가 나를 어둡게 느껴지는 작은 방으로 들여보냈다. 우리는 문 바로 옆에 앉아서 기다렸는데, 그 문 뒤에서는 사람들의 목소리, 이름 부르는 소리, 의자 움직이는 소리, 그리고 동네 축제에서 음악 연주가 끝나고 춤을 출 수 있도록 홀을 정리할 때를 연상케 하는 온갖 소란스런 소리가 들려왔다. 재판이 열리기까지 기다려야 한다고 간수들이 내게 말했고, 간수 한 명은 내게 담배 한 대를 권했으나, 나는 거절했다. 조금 뒤에 그가 "겁이 나느냐."고 물었다. 나는 아니라고 대답했다. 게다가 어떤 의미에서는, 재판을 구경한다는 것이 내겐 흥미롭기까지도 했다. 나는 살아오는 동안 그럴 기회를 한 번도 가져보지 못했다. "그래요. 하지만 결국엔 지쳐버리죠." 두 번째 간수가 말했다.

얼마 후 작은 종소리가 방 안에서 울렸다. 그러자 간수들이 내 수갑을 풀었다. 그들은 문을 열었고 나를 피고석으로 들여보냈다. 법정은 터질 듯이 꽉 차 있었다. 블라인드가 내려져 있었음에도, 햇빛이 여기저기 새어 들어왔고, 공기는 이미 숨 막힐 지경이었다. 유리창들은 닫혀 있었다. 나는 자리에 앉았고, 간수들이 좌우에서 나를 에워쌌다. 내 앞에 나란히 열을 지은 얼굴들이 눈에 뜨인 것은 바로 그때였다. 모두 나를 바라보고 있었는데, 그들이 배심원이라는 것을 깨달았다. 하지만 나는 그들을 서로 구별 짓고 있던 것이 무엇인지에 대해서는 말할 수 없다. 나는 단 하나의 인상만을 받는데, 말하자면 내가 전차의 긴 의자 앞에 있었고, 익명의 모든 여행객들이 이 새로 들어온 여행객의 우스꽝스러운 점을 캐내기 위해 염탐하고 있는 것 같았다. 나는 그것이 어리석은 생각이었다는 것을 잘 알고 있다. 왜냐하면 이곳에서 그들이 찾고 있었던 것은 우스꽝스러움이 아니라 범죄였기 때문이다. 그렇지만 그 차이는 크지 않고, 어쨌거나 내게 떠올랐던 것이 바로 그런 생각이다.

　나는 또한 그 닫힌 홀 안의 모든 사람들 때문에 약간 어리둥절하고 있었다. 법정을 다시 둘러보았지만, 어느 얼굴 하나 분간할 수 없었다. 물론 나는 처음에 그 모든 사람들이 나를 보려고 모여들었다는 것을 납득하지 못했다고 생각한다. 평소에는 사람들이 나라는 사람에 대해서는 관심을 두지 않았다. 내가 이 모든 소란의 원인이었다는 것을 이해하기 위해서는 노력이 필요했다. "사람들도 참 많군요!"라고 내가 간수에게 말했다. 간수는 신문사들 때문이라고 대답하면서 배심원석 아래 한 책상 옆에 모여 있는 한 무리를 가리켰다. "저기들 있군요."라고 그는 말했다. "누구요?"라고 내가 물었더니, "신문사들 말이요."라고 그는 다시 말했다. 그는 기자들 가운데 한 명을 알고 있었는데, 그 기자가 그때 간수를 보고 우리 쪽으로 다가왔다. 기자는 약간 찌푸린 얼굴을 하고 있는 이미 나이가 많고 호감이 가는 남자였다. 그는 매우 따뜻하게 간수의 손을 잡았다. 그때 나는 마치 같은 부류의 사교계 사람들끼리 서로 만나서 즐거워하는 무슨 클럽에라도 와 있는 것처럼 모든 사람들이 서로 아는 얼굴을 찾아서 이야기를 걸고 대화를 주고받고 있다는 것에 주목했다. 또한 나는 내가 쓸데없이 끼어 있다는, 약간은 불청객과도 같은 기이한 느낌의 이유 또한 알아챘다. 그렇지만 기자는 웃으면서 내게 말을 걸었다. 그는 모든 것이 나에게 유리하게 되기를 바란다고 말했다. 내가 그에게 고맙다고 하자 그는 "아시다시피, 우리가 당신 사건을 약간

짜 맞추기 했지요. 여름철은 신문으로서는 비수기거든요. 기사
거리가 될 만한 것이라곤 당신 이야기와 부모 살해에 관한 것밖
엔 없었어요."라고 그가 덧붙였다. 그리고 그는, 방금 거기서 빠
져 나온 그 사람들 가운데 마치 살찐 족제비처럼 생긴, 검은 테
의 큼직한 안경을 쓴 키가 자그마한 신사를 가리켜 보였다. 파리
에 있는 한 신문사에서 보낸 특파원이라고 기자가 내게 말했다.
"하기야 저 사람이 당신 사건 때문에 온 것은 아니지요. 그렇지만
부모 살해 소송에 관한 보고를 하기로 되어 있는 까닭에, 동시에
당신의 사건도 기사로 만들어 보내라는 지시를 받은 겁니다." 그
말에 대해서도 나는 하마터면 고맙다고 할 뻔했다. 하지만 그것
은 우스꽝스러울 것이라고 생각했다. 기자는 손으로 나에게 살
짝 다정한 신호를 짓고 나서 우리 곁을 떠났다. 우리는 또 몇 분
동안 더 기다렸다.

　내 변호사는 법복을 입고 여러 동료들에게 둘러싸여 도착했
다. 그는 신문 기자들에게 가서 악수를 했다. 그들은 농담을 하면
서 웃었고, 법정 안에 벨이 울려 퍼질 때까지 무척 느긋한 태도였
다. 모두들 자기 자리로 돌아갔다. 내 변호사는 내게로 와서 악수
를 했고, 질문을 받으면 짤막하게 대답하고, 이쪽에서 먼저 뭐라
고 말하지 말고, 그리고 나머지는 자기에게 맡기라고 충고했다.

　내 왼편에서 의자를 뒤로 당기는 소리가 들리더니, 붉은 법복
을 입고 코안경은 쓴, 키가 크고 호리호리한 남자가 조심스럽게
옷을 여미며 앉는 것이 보였다. 검사였다. 정리 한 명이 재판부

의 출정을 알렸다. 그와 동시에 두 개의 커다란 선풍기가 윙윙거리기 시작했다. 세 명의 판사들 중, 두 명은 검정색 옷을 입고, 한 명은 붉은색 옷을 입은 채 서류를 가지고 들어왔고, 그들은 법정을 한눈에 내려다볼 수 있는 단으로 빨리 걸어갔다. 붉은색 옷을 입은 사람이 가운데 의자에 자리 잡고 앉아서, 앞에 둥근 모자를 벗어놓고, 조그만 대머리를 손수건으로 닦고 나서, 재판 개정을 선언했다.

기자들은 이미 펜을 손에 들고 있었다. 그들은 모두 무심하고 약간 빈정거리는 표정들이었다. 그렇지만 그들 중 한 사람은 무척 젊었고 회색 모직 양복을 입고 파란 넥타이를 매고 있었는데, 펜을 앞에 놓은 채 나를 바라보고 있었다. 약간 비대칭적인 그의 얼굴에서는 아주 맑은 두 눈만을 볼 수 있었는데, 그 눈은 딱히 꼬집어 말할 수 있는 그 어떤 것도 표현하지 않은 채, 나를 주의 깊게 관찰하고 있었다. 그러자 나는 나 자신이 나를 바라보는 듯한 이상한 느낌을 받았다. 아마도 그 때문에, 그리고 또 내가 법정의 관례를 알지 못했기 때문에, 나는 뒤이어 벌어진 모든 일들을 잘 이해하지 못했다. 예를 들면 배심원 추첨, 재판장이 변호사와 검사와 배심원단에 한 질문들(질문이 나올 때마다 배심원들의 머리는 동시에 재판부를 향했다), 내가 아는 장소들과 사람들의 이름이 들어 있는 기소장에 대한 빠른 낭독, 그리고 내 변호사에 대한 새로운 질문들 말이다.

재판장이 증인 호출을 하겠노라고 말했다. 정리가 읽은 이름들이 내 주의를 끌었다. 조금 전까지 무정형이나 다름없는 방청 객들 속에서, 한 사람씩 일어서나더니, 양로원 원장, 관리인, 토마 페레 영감, 레이몽, 마송, 살라마노, 마리가 옆문으로 사라지는 것을 보았다. 마리는 나에게 불안한 듯이 살짝 신호를 보냈다. 내가 그들을 좀 더 일찍 알아보지 못했던 것에 다시 놀랐는데, 그때 마지막으로 이름이 불린 셀레스트가 자리에서 일어났다. 나는 그의 옆에 언젠가 식당에서 보았다던, 키가 자그마한 여자가 재킷을 입고 분명하고 단호한 표정으로 앉아 있는 것을 보았다. 그녀는 뚫어지게 나를 바라보고 있었다. 하지만 재판장이 또 이야기를 시작했기 때문에 나는 생각을 해볼 시간적 여유가 없었다. 그는 실질적인 심리가 이제부터 시작될 것이며, 방청객들에게 새삼스럽게 정숙을 요청할 필요는 없으리라 생각한다고 말했다. 그의 말에 따르면, 자신은 객관적으로 바라보고자 하는 사건의 심리를 공정하게 진행시키기 위해 그 자리에 있었다. 배심원단이 내리는 결정은 정의의 정신에 입각하여 내려질 것이며, 어쨌든 법정에서 조그만 사고라도 있으면 방청객들을 퇴장시킬 것이라고 했다.

더위가 점점 심해져서, 방청객들이 신문을 가지고 부채질을 하는 것이 보였다. 그 때문에 구겨진 종이 소리가 계속해서 났다. 재판장이 손짓을 하자, 정리가 짚으로 엮은 부채 세 개를 가져왔고 세 명의 판사는 그것을 즉시 사용했다.

곧 나에 대한 심문이 시작되었다. 재판장은 나에게 침착하게, 심지어 내가 느끼기에는, 친밀한 어조로 질문했다. 또다시 내 신분을 대라고 했는데 짜증이 나기는 했으나, 하기는 당연한 일이라고 생각했다. 왜냐하면 어떤 사람을 다른 사람으로 잘못 알고 재판을 한다면 그건 너무나 심각한 일일 것이기 때문이다. 이후 재판장이 내가 한 일을 얘기하기 시작했는데 세 마디 하고는 매번, "맞습니까?"라고 나에게 다짐을 했다. 그럴 때마다 나는 변호사의 지시에 따라 "네, 재판장님."이라고 대답했다. 재판장은 매우 세밀히 얘기를 했으므로 시간이 오래 걸렸다. 그동안 줄곧 기자들이 받아쓰고 있었다. 나는 그중 젊은 기자의 시선과 그 키가 자그마한 자동인형 같은 여자의 시선을 느끼고 있었다. 전차의 좌석에 앉아 있는 것 같은 사람들은 모두 재판장에게로 고개를 돌리고 있었다. 그는 기침을 하고, 서류를 뒤척이고 나서 부채질을 하며 내게로 눈을 돌렸다.

그는 나에게, 이제부터 겉으로는 내 사건과 아무 관계도 없는 듯이 보이지만, 실상은 아마 밀접한 관계가 있으리라고 여겨지는 몇 가지 문제들을 다뤄야겠다고 말했다. 나는 그가 또다시 엄마 이야기를 하려는 것임을 알아차렸고, 동시에 그것이 내게는 얼마나 귀찮은 일인가를 느꼈다. 그는 내가 엄마를 양로원에 보낸 이유를 물었다. 나는 엄마를 모시고 간호할 돈이 없었기 때문이었다고 대답했다. 그는 그 일이 나에게 개인적인 면에서 괴로웠는지 여부를 물었고, 나는 엄마도 나도 이미 서로에게 아무것도 기대할 것이 없었고 또 누구에게도 기대를 하고 있지 않았으며 그리고 우리는 각기 새로운 생활에 익숙해져버렸다고 대답했다. 그러자 재판장은 그 점에 관해서는 더 묻고 싶지 않다고 말했고, 검사에게 다른 질문이 없느냐고 물었다.

검사는 절반쯤 나에게 등을 돌리고 있었는데, 그는 나를 보지 않은 채, 재판장님께서 허락한다면 내가 아랍인을 죽일 생각으로 혼자서 샘으로 되돌아갔는지 어떤지 알고 싶다고 말했다. "아닙니다."라고 나는 말했다. "그렇다면 그는 왜 무기를 가지고 있었으며, 또 어째서 정확히 그곳으로 되돌아간 걸까요?" 그것은 우연이었다고 나는 대답했다. 그러자 검사는 안 좋은 어조로, "지금으로선 이게 전부입니다."라고 말했다. 그리고 나서는 모든 것이, 적어도 나에게는 좀 불확실했다. 하지만 몇 마디 밀담을 나누고 나서, 재판장은 휴정되었다는 것과 증인 심문이 오후로 넘겨졌다고 선언했다.

나는 곰곰이 생각해 볼 시간이 없었다. 끌려 나와서 호송차에 실려 감옥으로 돌아와서 점심을 먹었다. 아주 짧았지만, 내가 피곤했었다는 것을 깨닫기에는 딱 충분한 시간이 지나자, 다시 나를 데리러 왔다. 모든 것이 다시 시작되었고, 나는 같은 법정, 같은 얼굴들 앞에 있었다. 다만 더위가 훨씬 더 심해졌고, 마치 기적이나 일어난 듯 모든 배심원들, 검사, 변호사 그리고 몇몇 기자들까지도 밀짚 부채를 손에 들고 있었다. 젊은 기자와 자그마한 그 여자도 여전히 그곳에 있었다. 하지만 그들은 부채질을 하지 않았고, 아무 말도 없이 여전히 나를 바라보고 있었다.

나는 얼굴에 흐르는 땀을 닦았고, 양로원 원장의 이름을 부르는 소리를 들었을 때에야 비로소 그 장소와 나 자신에 대한 의식을 약간 회복했다. 엄마가 나에 대한 불평을 말했는지 묻는 질문에 그는 그렇다고 대답했고, 그러나 친지들에 대한 불평을 말한다는 것은 재원자들의 일종의 괴벽이라고 덧붙였다. 내가 양로원에 보낸 것을 엄마가 못마땅하게 여기고 있었는지 재판장이 분명히 대답하라고 묻자, 원장은 다시 그렇다고 말했다. 하지만 이번에는 아무 설명도 덧붙이지 않았다. 또 다른 질문에 대하여 그는, 장례식 날 침착한 나를 보고 놀랐었다고 대답했다. 그는 침착한 것이 어떤 의미냐는 질문을 받았다. 그러자 원장은 구두코를 내려다보고 나서, 내가 엄마를 보려 하지 않았고, 한 번도 눈물을 흘리지 않았고, 장례식 후에 내가 엄마의 무덤 앞에서 묵도를 하지 않고 곧바로 떠났다고 말했다. 한 가지 일이 또 그를 놀라게 했는데, 장의사의 일꾼 한 사람이, 내가 엄마의 나이를 모르더라고 그에게 말했었다는 것이다. 잠시 침묵이 흐른 뒤에 재판장은 그에게 그가 여태까지 한 말이 분명 나에 관한 것이었는지 물었다. 원장이 그 질문의 뜻을 알아차리지 못하자 재판장은, "법률상 하는 질문입니다."라고 말했다. 그리고 재판장이 검사에게 증인에 대한 질문이 없느냐고 묻자 검사는, "오, 없습니다. 그것으로도 충분합니다."라고 외쳤다. 그 목소리가 하도 맹렬하고 나에게로 향한 그 눈초리가 하도 의기양양한 것이어서 나는 여러 해 만에 처음으로 울고만 싶은 바보 같은 생각이 들었다. 그 모든 사람들이 나를 얼마나 미워하는가를 느낄 수 있었기 때문이다.

배심원들과 내 변호사에게 질문이 없는가 묻고 나서 재판장은 관리인의 공술을 들었다. 그에게도 다른 모든 증인들이나 마찬가지로 같은 격식의 절차가 되풀이되었다. 자리에 나와 서며, 관리인은 나를 바라보고 눈길을 돌렸다. 그는 질문에 대답했다. 내가 엄마를 보고 싶어 하지 않았다는 것, 담배를 피웠다는 것, 잠을 자고 밀크커피를 마셨다는 것을 말했다. 그때 나는 무엇인가 방청석 전체를 격양시키는 것을 느끼고, 처음으로 내가 죄인이라는 것을 깨달았다. 재판장은 관리인에게 밀크커피 이야기와 담배 이야기를 한 번 더 시켰다. 검사는 조소의 빛이 담긴 눈으로 나를 바라보았다. 그때 나의 변호사가 관리인에게, 그도 나와 함께 담배를 피우지 않았느냐고 물었다. 그러나 이 질문을 듣자 검사는 벌떡 일어서더니, "도대체 누가 죄인입니까? 불리한 증언을 최소화 시키기 위해 증인을 욕되게 하는 방법은 언어도단입니다. 아무렇든 간에 증언이 움직일 수 없는 것임에는 변함이 없습니다."라고 외쳤다. 그렇지만 재판장은 질문에 대답하라고 관리인에게 말했다. 영감은 당황한 빛으로, "제가 잘못했다는 것은 잘 압니다. 그러나 저분이 권하신 담배를 거절하기가 미안해서 그랬습니다."라고 말했다. 끝으로 나에게 덧붙여 할 말이 없느냐고 묻기에 나는, "없습니다. 다만 증인의 말이 옳다는 것을 말씀드립니다. 내가 그에게 담배를 권한 것은 사실입니다."라고 대답했다. 관리인은 그때 약간의 놀라움과 일종의 감사의 뜻을 보이는 눈초리로 나를 바라보았다. 잠시 망설이더니 그는, 밀크커피를 권한 것은 자기라고 말했다. 내 변호사는 호기가 등등하여 외치며, 배심원들은 그것을 충분히 고려할 것이라고 말했다. 그러나 검사가 우리들의 머리 위로 벼락같은 소리를 지르며, "물론 배심원들께서는 그것을 충분히 고려할 것입니다. 그리고 배심원들께서는, 아무 관계도 없는 남이야 커피를 권할 수도 있었겠지만, 자기를 낳아준 어머니의 시신 앞에서 아들로서는 모름지기 그것을 사양해야 할 것이었다고 결론을 내릴 것임에 틀림없습니다." 라고 말했다. 관리인은 자기 자리로 돌아갔다.

토마 페레의 차례가 되었을 때는, 서기가 그를 증인대까지 부축해 가지 않으면 안 되었다. 페레는 내 어머니를 특별히 잘 알고 있었고, 나를 장례식 날 한 번 만났을 뿐이었다고 말했다. 그는, 그날 내가 무엇을 했는가 하는 질문에 대답하여, "저는 말씀이죠, 그날 너무 슬펐습니다. 그래서 아무것도 보지를 못했습니다. 가슴 속의 슬픔 때문에 아무것도 눈에 보이지 않았습니다. 나에게는 아주 엄청난 슬픔이었으니까요. 그래서 심지어 기절까지 한 것입니다. 그래서 나는 저분을 보질 못했습니다."라고 말했다. 차석 검사는, 내가 눈물을 흘리는 것이라도 보았느냐고 물었다. 페레는 보지 못했다고 대답했다. 그러니까 이번에는 검사가, "배심원들께서는 이 점을 고려하실 겁니다."라고 말했다. 그러나 내 변호사는 화를 내며 내가 보기에도 지나쳐 보이리만큼 목청을 돋워서 페레에게, 내가 눈물을 흘리지 않는 것을 보았느냐고 물었다. 페레는 "보지 못했다"고 대답했다. 방청객들이 웃었다. 내 변호사는 한쪽 소매를 걷어붙이면서 단호한 어조로 말했다. "이것이 바로 이 재판의 모습입니다. 모든 것이 사실이라지만, 사실인 것은 하나도 없습니다." 검사는 무표정한 얼굴로 기록문서의 제목을 연필로 찔러대고 있었다.

오 분 동안 휴식하는 사이에 변호사는 모든 게 잘 되어간다고 말했다. 휴식이 끝나자, 피고측의 요구로 호출된 셀레스트의 공술이 있었다. 피고란 바로 나였다. 셀레스트는 때때로 나에게 시선을 던지며 두 손으로 모자를 돌리고 있었다. 그는 새 옷을 입고 있었는데, 그것은 가끔 일요일에 나와 함께 경마 구경 갈 때 입던 것이었다. 그러나 칼라는 달 수가 없었던지 셔츠를 놋단추 하나로 채웠을 따름이었다. 내가 그의 손님이었느냐고 하는 질문에 그는, "그렇습니다. 하지만 또 친구이기도 했습니다."라고 말했다. 나를 어떻게 생각하느냐는 물음에 대해, 나는 사나이라고 그는 대답했다. 사나이란 무슨 뜻이냐고 물으니까 그는, 그것이 무슨 뜻인지는 누구나 다 안다고 말했다. 내가 내성적인 성격을 가진 것을 알았었느냐고 하는 질문에는 다만, 나는 무의미한 말을 하지 않는 성격이었다고 대답했다. 내가 식비는 어김없이 치렀느냐고 차석 검사가 묻자 셀레스트는 웃고 나서, "그건 우리 두 사람 사이의 사사로운 일입니다"라고 말했다. 다시, 나의 범죄를 어떻게 생각하느냐는 질문을 받자 그는 증언대 위에 손을 올려놓았다. 뭔가 할 말을 미리 준비했다는 것이 뻔했다. "내 생각으로서는 그건 하나의 불운입니다. 불운이 어떤 것인지는 누구나 압니다. 불운이라는 건 어찌할 도리가 없습니다. 에, 또! 내 생각으로서는 그건 하나의 불운입니다." 그는 더 계속하려고 했으나, 재판장이 그만하면 됐다고 말하며 수고했다고 사례를 했다. 그러자 셀레스트는 약간 당황하고 말았다. 그러나 그는 좀 더 이야기를 하고 싶다고 말을 했다. 재판장은 이야기를 간단히 하도록 요청했다. 셀레스트는 또다시 그것은 하나의 불운이라고 되풀이했다. 그러자 재판장은, "네, 그것은 알았습니다. 그러나 우리가 할 일은 그러한 불운을 재판하는 것입니다. 수고하셨습니다."라고 말했다. 지혜와 성의를 다했으나 그만 더 이상 어쩔 수가 없었다는 듯이 셀레스트는 나에게로 고개를 돌렸다. 눈은 번쩍이고 입술은 떨리고 있는 것 같았다. 나를 위해 자기로서 더 할 수 있는 것은 무엇일까 하고 나에게 묻고 있는 듯했다. 나는 아무런 말도, 몸짓도 하지 않았으나, 한 인간을 껴안고 싶은 마음이 우러난 것은 그때가 생전 처음이었다. 재판장은 증인대로부터 물러가도록 그에게 명령했다. 셀레스트는 법정의 좌석으로 가서 앉았다. 나머지 심문이 끝나도록 그는 우두커니 몸을 약간 앞으로 기울여 무릎에 팔꿈치를 괴고, 모자를 두 손으로 잡은 채 오가는 모든 얘기에 귀를 기울이고 있었다. 마리가 들어왔다. 모자를 쓰고 있었는데 여전히 아름다웠다. 그러나 머리를 풀어 헤쳐 놓았을 때가 나에게는 더 좋았다. 내가 앉아 있는 곳에서도 그녀의 볼록한 젖가슴의 무게를 엿볼 수 있었고 아랫입술이 여전히 조금 부푼 듯한 것도 알아볼 수 있었다. 매우 안절부절 못하는 것 같았다. 곧 그녀는 언제부터 나를 알았느냐고 하는 질문을 받고, 자기가 우리 회사에서 같이 일하던 시기를 말했다. 재판장은 나와의 사이가 어떤 것인가를 알고 싶어 했다. 내 친구라고 마리는 말했다. 또 다른 질문에 대하여, 나와 결혼을 하기로 되어 있는 것은 사실이라고 대답했다. 서류를 뒤적이고 있던 검사는 갑자기, 언제부터 우리의 관계가 시작되었느냐고 물었다. 마리는 그 날짜를 말했다. 검사는 태연한 기색으로, 그것은 엄마의 장례식이 있은 다음 날인 것 같다고 지적했다. 그러고는 약간 비웃는 말투로, 그 같은 미묘한 사정을 더 캐묻고 싶지도 않고 또 마리의 입장을 모르는 바 아니다, 그러나(여기에서 그의 어조는 모질어졌다) 그는 자기의 의무상 부득이 예의를 초월할 수밖에 없다고 말했다. 그래서 검사는 마리에게 나와 관계를 맺게 된 그날 하루 동안의 일을 요약해 말해달라고 요구했다. 마리는 이야기하고 싶어 하지 않았으나 검사의 강권에 못 이겨, 해수욕을 갔던 일, 영화 구경을 갔던 일, 그리고 둘이서 우리 집으로 돌아온 일을 말했다. 차석 검사는 예심에서 마리의 진술을 듣고 그날 영화의 프로그램을 조사해보았다고 말한 다음, 그때 무슨 영화가 상영되고 있었는지를 마리 자신의 입으로 말해주기 바란다고 덧붙였다. 과연 마리는 거의 질린 목소리로, 그것은 페르낭델이 나오는 영화였다고 말했다. 그녀의 말이 끝나자 장내는 물을 끼얹은 듯이 잠잠해졌다. 그러자 검사는 일어서서 심각하게, 참으로 감동된 듯한 목소리로, 나에게로 손가락질을 하면서 천천히 또박또박 끊어 말했다. "배심원 여러분, 자기 어머니가 사망한 바로 그 다음 날에 이 사람은 해수욕을 하고, 부정한 관계를 맺기 시작했으며, 희극 영화를 보러 가서 시시덕거린 것입니다. 나는 더 이상 할 말이 없습니다." 여전한 침묵 가운데 검사는 말을 맺고 앉았다. 갑자기 마리가 흐느껴 울기 시작했다. 그러면서, 그게 아니다, 다른 것도 있었다, 사람들이 억지로 자기가 생각하는 것과는 반대로 이야기를 시킨 것이다, 자기는 나를 잘 알고 있고, 나는 아무것도 나쁜 일을 하지 않았다고 말했다. 그러나 재판장이 손짓을 하자 정리가 그녀를 데리고 나갔고, 심문은 다시 계속되었다.

마송이 나서서, 내가 신사이며 "게다가 좀 더 말하자면, 정직한 사람"이라고 말했으나, 거의 아무도 들어주는 사람이 없었다. 살라마노도 내가 그의 개의 일로 퍽 친절했었다는 것을 말하고, 내 어머니와 나에 관한 질문에 대해, 내가 엄마와 할 말이 아무것도 없었고, 그 때문에 엄마를 양로원에 보낸 것이라고 대답했으나, 역시 들어주는 사람이 거의 없었다. "이해해주셔야 합니다. 이해해주셔야 합니다."라고 살라마노는 말하고 있었다. 그러나 이해해주는 사람은 하나도 없는 것 같았다. 그도 끌려 나갔다.

뒤이어 레이몽의 차례가 되었다. 그가 마지막 증인이었다. 레이몽은 나에게 슬쩍 손짓을 하여 보이고 다짜고짜로 나에게는 죄가 없다고 말했다. 그러자 재판장은, 그에게 요구하는 것은 판정이 아니라 사실이라고 말했다. 재판장은 그에게, 질문을 기다려서 대답을 하라고 주의를 주었다. 그와 피해자와는 어떤 관계였는지 정확하게 말해보라는 요구가 있었다. 레이몽은 그 기회를 타서, 자기가 피해자의 누이의 뺨을 때린 다음부터 피해자가 미워하고 있던 것은 자기라고 말했다. 그러나 재판장은, 피해자가 나를 미워할 이유는 없었느냐고 물었다. 레이몽은 내가 바닷가에 같이 있었던 것은 우연의 결과였다고 말했다. 검사는, 그러면 어째서 사건의 발단이 된 그 편지가 나의 손으로 씌어졌느냐고 물었다. 레이몽은 그것도 우연이었다고 대답했다. 검사는, 이 사건에 있어서 우연은 이미 많은 양심의 손상을 가져 왔다고 반박했다. 레이몽이 그의 정부의 뺨을 때렸을 때 내가 말리지 않은 것도 우연인지, 내가 경찰서에 가서 증인이 되었던 것도 우연인지, 그때 내 증언내용이 두둔하는 쪽 일색이었던 것도 우연인지 알고 싶다고 했다. 그는 끝으로 레이몽에게 직업이 무엇이냐고 물었다. "창고 관리인."이라고 레이몽이 대답하자 차석 검사는 배심원들에게, 증인이 포주 노릇을 업으로 하고 있다는 것은 누구나 다 아는 사실이라고 말했다. 나는 그의 공범자요 친구다. 이 것은 가장 비루한 종류의 음란범죄 사건이요, 더욱이 피고가 도덕적으로 파렴치한이라는 사실로 인하여 더욱 흉악하다는 것이다. 레이몽이 변명을 하려 했고 내 변호사도 항의를 했으나, 재판장은 검사의 이야기를 끝마치도록 해야 할 것이라고 말했다. 검사는 "내가 덧붙일 것은 그리 많지 않습니다."라고 말한 다음 레이몽에게, "피고는 당신의 친구였습니까?"라고 물었다. 레이몽은 "그렇습니다, 나의 친구였습니다."라고 말했다. 그러자 검사가 나에게 질문을 했고 나는 레이몽을 바라보았다. 그는 나에게서 눈을 돌리지 않았다. 나는, "그렇습니다."라고 대답했다. 그러자 검사는 배심원들에게로 돌아서며 말했다. "자기 어머니가 사망한 다음 날 가장 수치스러운 정사에 골몰했던 바로 그 사람이 부질없는 이유로, 무어라고 말할 수 없는 풍기 문란 사건의 결말을 맺으려고 살인을 한 것입니다."

검사는 그제야 자리에 앉았다. 그러나 내 변호사는 참다못해, 두 팔을 높이 쳐들어 올리며 외쳤다. 그 때문에 소매가 다시 흘러내리면서 풀 먹은 셔츠의 주름이 드러나 보였다. "도대체 피고는 자기 어머니를 매장한 것으로 해서 기소된 것입니까, 살인을 한 것으로 해서 기소된 것입니까?" 방청객들이 웃었다. 그러나 검사는 다시 일어서서 법복을 바로잡고 나더니 존경할 만한 변호인이 순진성을 갖지 않고서는, 그 두 종류의 사실 사이에 근본적이며 비장하고 본질적인 관계를 느끼지 않을 수 없는 바라고 언명했다. "그렇습니다."라고 그는 힘차게 외쳤다. "범죄자의 마음으로 자기의 어머니를 매장하였으므로, 나는 이 사람의 유죄를 주장하는 것입니다." 이 논고는 방청객들에게 대하여 커다란 효과를 거둔 듯하였다. 변호사는 어깨를 으쓱해 보이고, 이마에 흐르는 땀을 닦았다. 그러나 그 자신이 동요하는 빛이었고, 사태는 나에게 결단코 유리하게 돌아가고 있지 않다는 것을 나는 깨달았다.

법정은 폐정되었다. 법정으로부터 나와 차를 타러 가면서, 나는 매우 짧은 한순간에 여름 저녁의 냄새와 빛을 느꼈다. 어두컴

컴컴한 호송차 속에서 내가 좋아하던 한 도시의, 그리고 이따금 하루 중 어떤 시간에 스스로 만족감을 느꼈던 귀에 익은 소리들을, 마치 자신의 피로한 마음속에서부터 찾아내듯이 나는 하나씩 다시 들을 수 있었다. 이미 고즈넉하게 가라앉은 대기 속에서 들려오는 신문장수들의 외치는 소리, 작은 공원 안의 마지막 새소리, 샌드위치 장수의 부르짖음, 시내 고지대의 급커브길에서 울리는 전차의 마찰음, 그리고 항구 위로 밤이 내리기 전의 하늘에 반향하는 어렴풋한 소리, 그러한 모든 것이 나에게 소경이 더듬는 행로와도 같은 것을 이루는 것이었다. 감옥으로 들어오기 전에 내가 잘 알고 있던 그 행로를 말이다. 그렇다, 그것은 이미 오랜 옛날 내가 스스로 만족감을 느끼던 그런 시각이었다. 그러한 때면 나를 기다리고 있던 것은 언제나 가볍고 꿈도 없는 잠이었다. 그러나 이제는 무엇인가 달라져버린 것이 있었다. 왜냐하면, 내일에 대한 기대와 더불어 이제 내가 다시 만나는 것이 나의 독방이니까 말이다. 마치 여름 하늘 속에 그려진 낯익은 길들이 죄 없는 수면이나 감옥으로 인도해 갈 수도 있는 것처럼.

4

피고석에 앉아 있다 해도, 자기에 대해 말하는 걸 듣는 것은 언제나 흥미 있는 일이다. 검사와 변호사 사이의 변론이 있는 동안 사람들은 내 이야기를 많이 했다. 아마 내 범죄에 대해서보다도 나에 대해서 더 많은 이야기를 했다고 할 수 있을 것이다. 그리고 과연 양쪽의 변론은 큰 차이가 있었던가? 변호사는 팔을 쳐들어 올리고 유죄를 인정하되 변명을 붙였다. 검사는 손가락질을 하며 유죄를 고발하되 변명의 여지를 주지 않았다. 그러나 나로서는 어딘가 좀 걸리는 일이 하나 있었다. 조심을 하기는 하면서도 때로는 나도 한마디 참견을 하고 싶었다. 그러면 변호사는, "가만 있어요, 그래야 일이 잘 됩니다."라고 말했다. 이를테면 사람들은 나를 빼놓은 채 사건을 다루고 있는 것 같았다. 나는 참여도 시키지 않고 모든 것이 진행되었다. 나의 의견은 물어보지도 않은 채 나의 운명이 결정되는 것이었다. 때때로 나는 다른 모든 사람들의 이야기를 가로막고 이렇게 말 하고 싶었다. "그렇지만 도대체 누가 피고입니까? 피고라는 것은 중요한 겁니다. 내게도 할 말이 있습니다." 그러나 생각을 해보면, 할 이야기란 아무것도 없었다. 그러고 나서, 사람들에게 관심을 갖는 데서 얻는 홍미는 오래 계속되지 않는다는 것을 인정하지 않을 수 없었다. 가령 검사의 변론이 곧 나에게는 따분하게 느껴졌다. 나의 관심을 끌거나 홍미를 일으킨 것은 다만 단편적인 말들, 몸짓들, 혹은 전체와는 동떨어진 한 토막의 변설, 그러한 것들이었다.

내가 옳게 이해한 것이라면, 검사의 생각의 요점은 내가 범죄를 사전에 계획했었다는 것이었다. 적어도 그는 그것을 증명하려고 했으며, 그 자신이 이렇게 말하고 있었다. "그것을 증명하겠습니다. 여러분. 그것도 나는 이중으로 증명할 수 있습니다. 첫째로는 명백한 사실에 비추어서, 둘째로는 이 범죄적 영혼의 심리 상태가 제공하는 어두컴컴한 빛에 비추어서 증명할 수 있는 것입니다." 검사는 엄마의 죽음부터 시작해서 여러 가지 사실들을 요약했다. 내가 냉담했었다는 것, 엄마의 나이를 몰랐었다는 것, 이튿날 여자와 해수욕을 하러 갔었다는 것, 영화 구경, 페르낭델, 그리고 끝으로 마리와 함께 집으로 돌아왔다는 것을 지적했었다. 그때 나는 검사의 말을 이해하는 데 한참 시간이 걸렸다. 그가 "그의 정부"라고 말했기 때문이다. 그러나 나에게는 마리였을 따름이다. 그리고 검사는 레이몽의 이야기를 했다. 사건을 보는 그의 방식은 여간 명석한 것이 아니라고 나는 생각했다. 그의 이야기는 그럴듯했다. 나는 레이몽과 합의하여, 그의 정부를 꾀

어다가 "도덕성이 의심스러운" 남자의 악랄한 손아귀에 넘기려고 편지를 썼다. 바닷가에서는 내가 레이몽의 적들에게 시비를 걸었다. 레이몽이 다쳤던 것이다. 나는 레이몽에게서 권총을 달래서, 그것을 사용할 생각으로 혼자서 되돌아갔다. 그리하여 계획대로 아랍인을 쏘아 죽인 것이다. 조금 기다려서, "일이 잘 되었음을 확인하기 위하여" 다시 네 발을 태연하게, 말하자면 깊이 생각한 끝에 쏘았다는 것이다.

"여러분! 이상과 같습니다."라고 검사는 말했다. "나는 여러분께, 이 사람이 고의적으로 살인을 하게 된 사건의 경위를 말씀드렸습니다. 나는 이 점을 강조합니다. 왜냐하면 이것은 보통의 살인, 정상참작의 여지가 있는 충동적인 행위가 아니기 때문입니다. 여러분, 이 사람은 지식도 있습니다. 피고의 진술을 여러분도 들으시지 않으셨습니까? 그는 대답할 줄도 알고 말뜻도 잘 알고 있습니다. 그러므로 자기가 무슨 짓을 하는지도 모르고 행동했다고 할 수 없습니다."

귀를 기울이고 있던 나는, 나를 지식 있는 사람이라고 하는 말을 들었다. 그러나 평범한 사람이 지니고 있는 장점이 어떻게 한 사람의 죄인에게 부인할 수 없을 만큼 불리한 조건이 되는 것인지, 나는 잘 이해할 수가 없었다. 적어도 나를 놀라게 한 것은 그러한 점이어서, 나는 그 뒤로는 검사의 말에는 더 이상 귀를 기울이지 않고 있었다. 이윽고 다시 그의 말이 들렸다. "그는 하다못해 후회하는 빛을 보이기라도 했던가요? 여러분, 전혀 그렇지 않았습니다. 예심이 진행되는 동안에도 피고는 자기의 가증스러운 범행을 뉘우치는 듯한 때가 한 번도 없었습니다." 그때 그는 나에게로 돌아서서 손가락으로 나를 가리키며 계속하여 통렬한 비난을 퍼부었는데, 사실 나는 그 이유를 잘 알 수가 없었다. 그의 말이 옳다는 것을 인정하지 않을 수 없기는 했다. 나는 내 행동을 그다지 뉘우치고 있지는 않았던 것이다. 그렇지만 그렇게 노발대발한다는 것이 나에게는 의외였다. 그에게 나는 다정스럽게, 거의 애정을 기울여, 내가 참말로 무엇을 뉘우치는 일이란 한 번도 없었다고 설명을 해주고 싶었다. 나는 항상 앞으로 나에게 일어날 일, 오늘의 일 또는 내일의 일에 정신이 팔려 있었던 것이다. 그러나 물론 나의 처지로서는 누구에게도 그러한 투로 말할 수는 없었다. 지금의 나에게는 다정스러운 태도를 취하거나 선의를 가질 권리가 없는 것이었다. 검사는 나의 영혼에 관한 이야기를 시작했으므로 나는 다시 귀를 기울이려고 애를 썼다.

검사는, 배심원 여러분, 나는 그의 영혼을 들여다보았으나 아무것도 찾아볼 수 없었습니다, 라고 말했다. 사실 나에게는 영혼 같은 것은 있지도 않고, 인간다운 점도 찾아볼 길 없으며, 인간의 마음을 보전하는 도덕적 원리란 모두 나에게는 인연이 멀다는 것이었다. "아마도"라고 그는 이어 말했다. "우리는 그렇다고 해서 이 사람을 비난할 수도 없을 것입니다. 그가 가질 수 없는 것이 그에게 없다고 해서 나무랄 수는 없는 일입니다. 그러나 이 법정에 있어서는 관용이라는 소극적 덕목은, 그보다 더 어렵기는 하지만 고귀한 정의라는 덕목으로 바뀌어야 합니다. 특히 이 사람에게서 볼 수 있는 것 같은 심리의 공허가 사회 전체를 삼켜버릴 수도 있는 심연이 되는 경우에는 더욱이 그러합니다." 그가 엄마에 대한 나의 태도 이야기를 꺼낸 것은 바로 그때였다. 변론 중에 한 말을 그는 다시 되풀이했다. 그러나 그것은 내가 저지른 범죄를 이야기할 때보다도 더 길었다. 너무나 길어서, 마침내 그날 아침의 더위밖에는 아무것도 나는 느끼지 못할 정도였다. 얼마쯤 지나서 차석 검사는 잠시 말을 끊었다가 이어 다시 매우 낮고 자신 있는 목소리로, "여러분, 내일 바로 이 법정에서 가장 가증스러운 범죄, 아버지를 살해한 범행을 심판하게 될 것입니다."라고 말했다. 그의 말에 의하면, 이 잔학한 범죄 앞에서는 상상력조차 뒷걸음친다는 것이었다. 그는 인간 사회의 율법이 가차 없는 처단을 내리기를 감히 기대하며 바란다는 것이었다. 그러나 그 범행이 불러일으키는 전율감은, 나의 무감각함 앞에서 느끼는 전율감보다도 차라리 덜할 정도라는 것을 자신은 서슴지 않고 말할 수 있다고 했다. 또 그의 말에 의하면, 정신적으로 자기 어머니를 죽이는 사람은, 자기에게 세상 빛을 보게 해준 사람에게 살인자의 손길을 뻗치는 자와 마찬가지로 인간 사회를 저버리는 것이었다. 어쨌든 전자는 후자의 행위를 준비하는 것이며, 말하자면 그러한 행위를 예고하고 정당화한다는 것이었다. "여러분, 나는 확신합니다."라고 그는 목소리를 높여서 덧붙였다. "이 자리에 앉아 있는 이 사람이, 이 법정에서 내일 판결을 내리게 될 살인죄에 대해서도 유죄라고 말해도, 여러분은 내 생각이 지나친 것이라고 생각하지 않을 것입니다. 그러므로 이 사람은 형벌을 받아야 마땅할 것입니다." 여기에서 검사는 땀으로 번들거리는 얼굴을 닦았다. 끝으로 그는, 자기의 의무는 괴로운 것이지만 단호히 그것을 수행할 것이라고 말했다. 나는 사회의 가장 근본적인 율법을 무시하고 있으므로 그 사회와는 아무 관계도 없으며, 인정의 가장 기본적인 반응도 모르는 사람이므로 인정에 호소할 수도 없는 것이라고 말했다. "나는 이 사람에게 사형을 요구합니다. 사형을 요구해도 나의 마음은 가볍습니다. 왜냐하면, 이미 짧지 않은 재직 기간 중에 나는 여러 번 사형을 요구한 일이 있었지만, 이 괴로운 의무가 오늘처럼, 신성한 지상명령이란 의식이 들고, 흉악무도함 이외에는 읽어볼 수 없는 사람의 얼굴 앞에서 느끼는 혐오감에 의해 보상을 받아 균형을 회복하고 빛을 받는 것처럼 느껴본 적이 없기 때문입니다."

검사가 자리에 앉자, 상당히 오랜 침묵이 흘렀다. 나는 더위와 놀라움으로 어리둥절해졌다. 재판장이 잔기침을 하고 나서 아주 낮은 목소리로 나에게, 덧붙여 할 말은 없느냐고 물었다. 나는 이야기하고 싶었으므로 일어서서 그저 생각나는 대로, 아랍인을 죽이려는 의도는 없었다고 말했다. 재판장은 그건 하나의 주장이라고 대답하고, 지금까지 자기는 나의 변호방식을 잘 이해하지 못하고 있으니 변호사의 말을 듣기 전에 내가 그런 행동을 하게 된 동기를 명확히 말해주면 좋겠다고 했다. 나는 빠른 어조로 좀 뒤죽박죽이 된 말로, 그리고 우스꽝스러운 말인 줄 알면서도, 그것은 태양 때문이었다고 말했다. 장내에는 웃음이 터졌다. 나의 변호사는 어깨를 으쓱해 보였고 곧 뒤이어 그는 발언권을 얻었다. 그러나 그는 시간도 늦었고, 자기의 진술은 여러 시간을 요할 것이니까 오후로 미루어주면 좋겠다고 말했다. 법정은 이에 동의했다.

오후에도 커다란 선풍기들이 여전히 실내의 무더운 공기를 휘젓고, 배심원들의 가지각색의 조그만 부채들은 모두 같은 방향으로 움직이고 있었다. 내 변호사의 변론은 언제 끝이 날지 모를 지경이었다. 그러나 어느 순간엔가 나는 그의 말에 귀를 기울였다. "내가 죽인 것은 사실입니다."라고 그가 말했기 때문이다. 뒤이어 그는 그런 투로 계속하면서 나에 대해서 말할 적마다 "나는"이라고 하는 것이었다. 나는 매우 놀랐다. 나는 간수에게로 몸을 굽혀 그 이유를 물었다. 간수는 잠자코 있으라고 말하고 조금 있더니, "변호사들은 모두 그런다"고 덧붙였다. 나는, 그것도 또한 나를 사건으로부터 제쳐놓고 나를 제로로 만들어버리는 것이고, 어떤 의미로는 그가 나 대신의 역할을 하는 것이라고 생각했다. 그러나 그때 나는 벌써 그 법정에서 아득히 멀어져 있었던 것으로 여겨진다. 게다가 내 변호사도 내겐 우스꽝스러워 보였다. 그는 빠른 어조로 나의 가해행위를 변호하고 나서, 그도 역시 나의 영혼에 대해 이야기했다. 그러나 내가 보기에 그는 검사에 비해서 그 솜씨가 훨씬 떨어지는 것 같았다. "나도 역시 그 영혼을 들여다보

있습니다만, 탁월하신 검사의 의견과는 반대로 나는 그 무엇인가를 발견할 수 있었습니다. 뿐만 아니라 펼친 책을 읽듯 환히 볼 수 있었다고 말할 수 있습니다." 나는 성실한 인물이요 규칙적이고 근면하고, 일하고 있던 회사에 충실했으며, 모든 사람들로부터 호평을 받고, 다른 사람이 불행을 동정하는 사람이라는 것을 그는 거기서 읽었다는 것이었다. 그가 본 바로는, 나는 힘이 자라는 한 오랫동안 자기 어머니를 부양한 모범적인 아들이었다. 그러나 결국은 나의 재력으로서는 시켜드릴 수 없는 안락한 생활을 양로원이 대신해서 늙은 여인에게 베풀어줄 수 있으리라고 나는 기대했다는 것이다. "여러분, 그 양로원에 관하여 이러니저러니 그렇게도 많은 논의가 있었다는 것을 나는 차라리 이상스럽게 생각합니다. 왜냐하면, 만일에 그러한 시설의 유익함과 고귀함의 증거를 제시해야 할 것이라면, 국가 자체가 그런 시설을 보조하고 있다는 사실을 말하지 않을 수 없을 것이기 때문입니다." 라고 그는 덧붙였다. 다만 장례식에 관해서는 아무 말이 없었다. 그것이 그의 결론의 결함이라는 것을 나는 느꼈다. 그러나 그러한 장광설들, 여러 날 동안 나의 정신에 관해 이야기를 한 그 한없이 긴 시간 때문에, 나는 모든 것이 빛깔 없는 물처럼 되어버린 나머지 그 속에서 어지러움을 느끼는 것 같은 인상을 받았다.

끝에 가서는, 변호사가 이야기를 계속하고 있는 동안에 거리로부터, 다른 방들과 법정의 온갖 공간을 거쳐서, 아이스크림 장수의 나팔 소리가 나의 귀에까지 울려온 것만이 기억에 남아 있을 따름이다. 나는 이미 나의 것이 아닌 삶, 그러나 거기서 내가 지극히 빈약하나마 가장 끈질긴 기쁨을 얻었던 삶에의 추억에 사로잡혔다. 여름철의 냄새, 내가 좋아하던 거리, 어떤 저녁 하늘, 마리의 웃음과 옷차림, 그곳에서 내가 하고 있던 그 쓸데없는 그모든 것에 대한 역정이 목구멍에까지 치밀어 올라, 나는 다만 그 것이 어서 끝나서 나의 감방으로 돌아가 잠잘 수 있기만을 바랄 뿐이었다. 내 변호사가 끝으로 일시적 실수로서 소행을 그르친 성실한 일꾼을 배심원들은 사형에 처하지 않을 것이라고 외치고, 내가 이미 가장 확실한 벌로써 영원한 뉘우침의 짐을 끌고 가고 있는 터라 범죄에 대하여 정상의 참작을 요구한다고 말하는 것도 나의 귀에는 거의 들리지 않았다. 그러자 그의 동료들이 달려와서 그의 손을 잡았다. "참 훌륭했어." 하는 말이 들렸다. 그중의 한 사람은 심지어 나에게 맞장구를 쳐달라는 듯 "그렇지요?"라고 말하기까지 했다. 나는 동의를 했지만, 나의 찬사는 충심에서 우러나온 것이 아니었다. 너무나 피곤했었기 때문이다.

그러는 사이에 밖은 어느덧 해가 기울어 더위는 수그러졌다. 한길에서 들려오는 소리들로, 나는 저녁의 아늑함을 짐작할 수 있었다. 우리들은 모두 거기서 기다리고 있었다. 그런데 모두가 다 함께 기다리고 있는 그것은 오직 나 한 사람에게만 관계되는 일이었다. 나는 다시 한 번 장내를 둘러보았다. 모든 것이 첫날과 똑같은 상태에 있었다. 나는 회색 저고리를 입은 기자 그리고 자동인형 같은 여자의 눈길과 마주쳤다. 그때서야 재판 중에 나는 한 번도 눈으로 마리를 찾아보지 않았다는 데 생각이 미치게 되었다. 나는 그녀를 잊어버리지는 않았으나 할 일이 너무나 많았던 것이다. 셀르스트와 레이몽 사이에 마리가 보였다. 그녀는 "이제야 끝이 났군요."하는 듯이 나에게 조그맣게 손짓을 했다. 그리고 약간 걱정스런 얼굴로 웃음을 짓고 있는 것이 보였다. 그러나 나는 마음이 닫혀 있는 느낌이었고 그녀의 미소에 답할 수조차 없었다.

공판이 재개되었다. 매우 빠른 어조로 배심원들에 대한 일련의 질문들이 낭독되었다. "살인죄"…… "계획적"…… "정상참작" 등의 말들이 들렸다. 배심원들이 나가버리고, 나는 앞서 기다렸던 방으로 끌려갔다. 내 변호사가 따라와서 매우 수다스럽게, 여느 때보다도 더욱 자신 있고 다정스러운 태도로 말했다. 모든 것이 잘 될 것이며, 몇 년 동안이나 금고나 혹은 징역만 살면 그만일 것으로 생각한다는 것이었다. 만약에 판결이 불리할 경우에는 파기할 수도 있느냐고 나는 물었다. 그럴 수는 없다고 그는 대답했다. 배심원측의 비위를 건드리지 않기 위해서, 결론을 제시하지 않는 것이 그의 전술이었다는 것이다. 그는 그렇게 아무 사유도 없이 그냥 판결을 파기하지는 못하는 법이라고 설명했다. 그것은 나에게도 명백한 것으로 생각되어, 그의 이론에 승복했다. 냉정하게 따져보면 그것은 지극히 당연한 일이었다. 그렇지 않으면 그 숱한 서류는 전혀 쓸모없는 것이 될 것이다. "어쨌든 상고할 수는 없습니다. 그러나 결과는 유리하게 나오리라고 확신합니다."라고 내 변호사는 말했다.

우리들은 매우 오랫동안, 아마 거의 사오십 분이나 기다렸을 것이다. 그러더니 종이 울렸다. 변호사는, "배심원측의 답신을 배심원 대표가 읽습니다. 당신은 판결문 낭독 때에야 들어오게 될 것입니다."라고 말하면서 나를 두고 가버렸다. 문을 여닫는 소리가 들렸다. 사람들이 층계를 뛰어가고 있었으나, 멀고 가까움을 분간할 수는 없었다. 그러고는 법정에서 나직한 목소리로 무엇인지 읽는 소리가 들렸다. 다시금 종이 울리고 피고석 박스의 문이 열렸을 때 나에게로 밀려온 것은 장내의 침묵, 그리고 그 젊은 기자의 눈을 옆으로 돌리는 것을 보았을 때의 그 야릇한 감각이었다. 나는 마리가 있는 쪽으로 보지 못했다. 시간의 여유가 없었던 것이다. 왜냐하면 재판장이 이상스러운 말로, 나는 프랑스 국민의 이름으로 공공 광장에서 목이 잘리게 되리라고 말했기 때문이다. 그때 나는 모든 사람들의 얼굴에서 읽혀지는 감정을 이해할 것 같았다. 그것은 분명히 어떤 존경이 담긴 것이었다고 생각된다. 간수들은 나에게 아주 유순하게 대했다. 변호사는 나의 손목 위에 그의 손을 올려놓았다. 나는 이미 아무것도 생각하지 않고 있었다. 그러자 재판장이 나에게 무엇이든지 덧붙여 말할 것은 없느냐고 물었다. 나는 깊이 생각해보았다. "없습니다."라고 나는 대답했다. 내가 끌려 나온 것은 그때였다.

5

세 번째로 나는 교도소 부속 사제의 면회를 거절했다. 그에게 말할 것도 없고 이야기하기도 싫다. 그를 곧 만나게 될 것이다. 지금의 나의 관심거리는 기계장치를 벗어나는 것, 불가피한 것으로부터 빠져 나갈 길이 있을 수 있는가를 알아보는 일이다. 내 독방이 바뀌었다. 지금 이 감방으로부터는, 번듯이 누우면 하늘이 내다보인다. 하늘밖엔 보이지 않는다. 낮에서 밤으로 변해가는 하늘의 빛깔의 조락을 바라보는 것으로 하루하루가 지나간다. 누워서 머리 밑에 손을 괴고 나는 기다린다. 사형선고를 받은 사람이 그 무자비한 기계장치로부터 벗어난 예가, 처형되기 전에 종적을 감추었다든지 경찰의 비상 경계선을 돌파한 예가 있었을까하고 나는 몇 번이나 자문해보았는지 모른다. 그럴 때마다 나는 사형집행에 관한 이야기에 그다지 주의를 기울이지 않았었던 것이 후회되었다. 그러한 문제에는 언제나 관심을 가져야 할 것이다. 어떤 일을 당하게 되는지 알 수 없는 것이다. 다른 사람들과 마찬가지로 나도 신문에 난 보고기사를 읽은 일이 있긴 하다. 그러나 특별한 저서들이 확실히 있었을 것인데, 나는 그것들을 들여다보고자 하는 호기심을 한 번도 가져본 적이 없었던 것이다. 그러한 책들 속에서라면 탈출에 관한 이야기도 찾아볼 수 있었을 것이다. 적어도 한 번쯤은 바퀴가 멎고, 그 거스를 수 없는 사전계획 속에서도 우연과 요행이 한 번쯤은 무슨 변동을 일으킨 일이 있다는 것을 알 수 있었을 것이다. 단 한 번만! 어느 의미로는 그 단 한 번만으로도 내겐 충분했을 것이라고 생각한다. 나머지는 내 마음이 담당했을 것이고. 신문들은 흔히 사회에 대하여 지고 있는 부채를 운운한다. 신문에 의하면, 그것을 갚아야 한다는 것이다. 그러나 그러한 말은 상상력에 호소하지 못한다. 중요한 것은 탈출의 가능성, 무자비한 의식 밖으로의 도약, 희망의 무한한 기회를 제공하는 미친 듯한 질주였다. 물론 희망이라도 해도 길모퉁이에서, 달리던 도중에 날아오는 총탄에 맞아 쓰러지는 것뿐이다. 그러나 곰곰이 생각해보면, 그러한 호사를 나에게 허락해주는 것은 아무것도 없고, 모두가 나에게는 그것을 금지하고, 기계가 나를 다시 붙드는 것이었다.

내 선의에도 불구하고, 나는 그러한 턱없는 확실성을 받아들일 수가 없었다. 왜냐하면, 어쨌든 그 확실성에 근거를 제공한 판결과, 판결의 언도가 내린 순간부터의 가차 없는 전개과정과의 사이에는 어처구니없는 불균형이 있었기 때문이다. 판결문이 십칠 시가 아니라 이십 시에 낭독되었다는 사실, 그 판결문이 전

혀 다를 수도 있었으리라는 사실, 그것이 속옷을 갈아입는 인간
들에 의하여 결정되었다는 사실, 그것이 프랑스(혹은 독일, 중
국) 국민의 이름으로라는 지극히 모호한 관념에 따라 선고 되었
다는 사실, 그러한 모든 것은 그 같은 결정에서 그 진지성을 많
이 깎아내는 것이라고 내게는 생각되었다. 그러나 그 선고가 내
려진 순간부터 그 결과는, 내가 몸뚱이를 비벼대고 있던 그 벽의
존재와 마찬가지로 확실하고 준엄하게 된다는 사실을 인정하지
않을 수 없었다.

　그럴 때면, 나는 엄마가 내 아버지에 대하여 내게 들려준 어
떤 이야기가 생각났다. 나는 그를 본 적이 없었다. 그 사람에 관
하여 내가 정확히 알고 있는 것으로는 오직 어머니가 그때 이야
기해준 것밖에 없었다. 그는 어느 살인범의 사형집행을 보러 갔
었다는 것이다. 그것을 보러 갈 생각만으로도 그는 병이 날 지경
이었다. 그래도 그는 갔고, 돌아오자 아침에 먹었던 조반의 일부
분을 토했다는 것이었다. 그 말을 들었을 때 나는 아버지가 좀 싫
어졌었다. 그러나 지금은 이해가 되었다. 지극히 당연한 일이었
으니까 말이다. 사형집행보다 더 중대한 일은 없으며, 요컨대 그
것이야말로 사람에게는 참으로 흥미 있는 유일한 일이라는 것을
어째서 나는 알아차리지 못했을까! 만약에 내가 이 감옥으로부
터 나가는 일이 있다면 나는 모든 사형집행을 빠짐없이 다 보러
가리라. 그러나 그러한 가능성을 꿈꾸어보는 것은 잘못이었다고
생각한다. 왜냐하면 어느 날 이른 아침, 비상경계선 밖에서, 말하

자면 저쪽 편에서, 내가 자유스러운 상태가 되어 나타나는 것은, 생각만 해도 억눌렸던 기쁨의 물결이 가슴으로 북받쳐 올라왔기 때문이다. 그러나 그것은 이치에 맞지 않는 일이었다. 그러한 가정에 휘말리는 것은 잘못이었다. 왜냐하면 그 뒤로 곧, 나는 너무나 추워 이불 밑에서 몸을 웅크리지 않을 수 없었기 때문이다. 걷잡을 수 없도록 턱이 덜덜 떨렸다.

그러나 물론 언제나 이치에 맞는 생각만 할 수는 없는 것이다. 예컨대 또 어떤 때는 법률의 초안을 만들어보기도 했다. 형법 체제를 개혁하고 있었던 것이다. 사형선고를 받은 자에게 기회를 주는 것이 요점임을 나는 알아차렸다. 천 번에 단 한 번, 그것이면 수많은 일을 해결하기에 충분했다. 그리하여, 그것을 먹으면 환자가(내가 생각하고 있었던 것은 환자였다) 열 번에 아홉 번만 죽는 그런 화학약품의 배합을 고안해낼 수도 있을 것이라고 생각했다. 그에게 그런 사실을 알려주어야 한다. 그것이 조건이었다. 왜냐하면, 냉정하게 곰곰이 생각해보면 단두대의 칼날을 사용할 경우 결함은 그것이 아무런 기회도, 절대로 아무런 기회도 허용하지 않는다는 사실을 나는 인정하지 않을 수 없었기 때문이다. 결국 어쩔 수 없이 환자의 죽음은 결정되어버리고 마는 것이다. 그것은 처리가 끝난 일이며 확정된 배합이요. 성립된 합의여서 취소할 여지가 없는 것이다. 만에 하나 어쩌다가 실패하는 경우가 있으면 다시 할 뿐이다. 그러므로 난처한 일은, 사형수의 입장에선 기계가 아무 고장 없이 작동해주기만 바랄 수밖에 없다는 점이다. 내 말은, 바로 그것이 결함이라는 것이다. 어떤 의미로 그 것은 사실이다. 그러나 또 다른 의미로는 그 훌륭한 조직의 모든 비결이 거기에 있다는 것을 나는 또한 인정하지 않을 수 없었다. 요컨대 사형수는 정신적으로 협력을 하지 않으면 안 된다. 모든 것이 탈 없이 진행되는 것이 그에게 이로운 것이다.

나는 또한 그러한 문제에 관해서, 여태까지 정확하지 못한 생 각을 가지고 있었다는 것을 인정하지 않을 수 없었다. 오랫동안 나는—왜 그랬었는지는 몰라도—기요틴에 처형되자면 단두대로 올라가야만 하고, 층계를 밟고 올라가야 한다고 생각하고 있었 다. 그것은 1789년의 대혁명 때문이라고, 다시 말하면, 그러한 문 제에 관해서 사람들이 내게 가르쳐주고 또 보여주고 한 모든 것 들 때문이라고 여겨진다. 그런데 어느 날 아침, 소문이 자자했던 어떤 사형 집행이 있었을 때 신문에 실렸던 사진 한 장이 생각 났다. 사실인즉 기계는 땅바닥에 지극히 간단하게 놓여 있었고, 생각했던 것보다는 훨씬 좁았다. 좀 더 일찍이 그런 것을 생각하 지 않았었다는 것이 이상스러웠다. 그 사진에 나타난 기계는, 무 엇보다도 정밀한 제품답게 말끔하고 번쩍이는 모양이 내게는 퍽 인상적이었다. 사람이란 알지 못하는 것에 관해서는 항상 과장 된 생각을 품는 법이다. 그런데도 실상은 모든 것이 매우 간단하 다는 사실을 나는 인정하지 않을 수 없었다. 기계는 그것을 향하 여 걸어가는 사람과 같은 지면 위에 설치되어 있다. 그는 마치 누 구를 만나러 가는 모양으로 가다가 기계와 만나게 마련이다. 어떤 의미로는 그것 또한 견디기 어려운 노릇이었다. 단두대로 올라간다면 하늘로 승천을 하는 것이라는 그러한 방향으로 상상력이 달릴 수도 있을 것이다. 그런데 그 점에 있어서도 기계가 모든 것을 짓눌러버리는 것이었다. 그저 좀 부끄러움을 느끼면서, 대단히 정확하게 목숨이 슬쩍 끊어지는 것이다. 그 밖에 또 줄곧 나의 머리를 떠나지 않는 것이 두 가지 있었다. 새벽과 상고가 그것이다. 그러나 나는 스스로 타일러 그러한 생각을 하지 않으려고 애썼다. 누워서 하늘을 바라보며 거기에 정신이 쏠리도록 하려고 애썼다. 하늘은 초록빛으로 변했다. 저녁이었다. 나는 생각의 방향을 돌리려고 또 애를 쓰는 것이었다. 나는 심장이 뛰는 소리를 듣고 있었다. 오래 전부터 나를 따라다니던 그 소리가 멎어버릴 수 있으리라고는 아무리 해도 상상이 되지 않았다. 나는 진정한 상상력을 가져본 적이 없다. 그래도 이 심장의 고동 소리가 나에게 들리지 않게 될 순간을 나는 생각해보려고 애썼다. 그러나 헛수고였다. 새벽 또는 상고라는 것이 있었기 때문이다. 나는 마침내, 자신의 마음을 억제하려고 들지 않는 것이 가장 현명한 일이라고 생각하기에 이르렀다.

그들이 새벽에 온다는 것을 나는 알고 있었다. 결국 나는 밤마다 그 새벽을 기다리며 지낸 셈이다. 갑자기 놀라는 것이 나는 언제나 싫어졌다. 내게 무슨 일이든 생길 때면 거기에 대한 마음의 준비를 하고 싶은 것이다. 그 때문에 나는 마침내 낮에만 조금 자두었다가 밤에는 꼬박 새벽빛이 천장 유리창 위에 훤히 밝아올 때까지 꾹 참고 기다리게끔 되었다. 가장 괴로운 때는, 그들이 보통 그 일을 하러 오는 때라는 것을 내가 알고 있던, 그 분간하기 어려운 시각이었다. 자정이 지나면 나는 기다리며 지켜보고 있었다. 나의 귀가 그처럼 많은 소리, 그렇게도 조그만 소리를 들어본 적은 일찍이 없었다. 그리고 그동안 발자국 소리는 한 번도 들리지 않았으니, 어떻게 보면 그 시기 동안 줄곧 나는 어지간히 운수가 좋았다고 할 수 있을 것이다. 사람이란 아주 불행하게 되는 법은 없는 거라고 엄마는 가끔 말했었다. 하늘이 빛을 띠고 새로운 하루가 나의 감방으로 새어들 때, 감옥 속에서 나는 엄마의 말이 옳다고 생각했다. 왜냐하면 발걸음 소리가 들려와서 내 심장이 터지고 말았을 수도 있었을 것이기 때문이다. 바스락 소리만 나도 문으로 달려가 판자에 귀를 대고 제정신이 아닌 듯이 기다리노라면, 나중에는 나 자신의 숨소리가 들려왔는데, 그 소리가 나중에는 마치 헐떡이는 개의 숨결과도 같아서 깜짝 놀라는 일은 있었을지언정 결국 나의 심장은 터지지 않았고, 나는 다시 한 번 스물네 시간을 벌게 되는 것이었다.

낮 동안에는 상고 생각을 했다. 나는 이 상고에 대한 생각을 가장 적절하게 이용했다고 믿는다. 효과를 면밀히 따져가지고 그토록 깊이 생각해본 것에서부터 최대의 능률을 얻도록 한 것이다. 나는 늘 최악의 경우를 가정하곤 했다. 상고기각이 바로 그것이었다. "그래, 나는 죽을 수밖에 없는 거다." 다른 사람들보다 먼저 죽을 것은 분명하다. 그러나 인생이 살 만한 가치가 없다는 것은 누구나 알고 있다. 결국, 서른 살에 죽든지 일흔 살에 죽든지 별로 다름이 없다는 것을 나도 모르는 바 아니었다. 그 어떤 경우든지 당연히 그 뒤엔 다른 남자들 다른 여자들이 살아갈 것이고 여러 천 년 동안 그럴 것이니까 말이다. 요컨대 그것보다 더 분명한 것은 없을 것이다. 지금이건 이십 년 후건 여전히, 죽게 될 사람은 바로 나다. 그때 그러한 나의 추론에 있어서 좀 거북스러웠던 것은, 앞으로 올 이십 년의 생활을 생각할 때 나의 마음속에 솟구쳐 오르는 무서운 용솟음이었다. 그러나 그것도, 이십 년 후에 어차피 그러한 지경에 이르렀을 적에 내가 어떻게 생각하게 될까를 상상함으로써 눌러버리면 그만이었다. 죽는 바에야 어떻게 죽든 언제 죽든 그런 건 문제가 아니다. 그것은 명백한 일이었다. 그러므로(그리고 어려운 일은 이 '그러므로'라는 말이 표시하는 모든 추론을 잊지 않도록 명심하는 것이었다), 그러므로, 나는 내 상고의 기각을 인정할 수밖에 없었다.

그때, 바로 그때에야 비로소, 나는 이를테면 두 번째 가정을 생각해볼 권리를 가질 수가, 말하자면 나 자신에게 그렇게 하도록 허용할 수가 있게 된 것이다. 그 두 번째 가정이란 무죄석방이었다. 거북스러웠던 것은, 턱없는 기쁨으로 눈을 찌르는 그 피와 육신의 북받침을 진정시키지 않으면 안 되었던 일이다. 그 부르짖음을 억누르고 그것을 타일러야만 했다. 첫 번째 가정에 있어서도 나는 태연스러워야만 했던 것이다. 내가 그럴 수 있을 때에는, 한 시간쯤 가라앉은 마음을 가질 수가 있었다. 그만하면 어쨌든지 다행한 일이었다.

내가 또다시 부속 사제의 면회를 거절한 것은 바로 그런 때였다. 나는 누워서 하늘이 황금빛으로 물드는 것을 보고 여름 저녁이 가까워 옴을 알 수 있었다. 바로 나의 상고를 각하하고 난 터였는데, 나는 혈액의 파동이 규칙적으로 나의 몸속을 순환하고 있음을 느낄 수 있었다. 나로 말하자면 구태여 사제를 만날 필요가 없었던 것이다. 오래간만에 처음으로 나는 마리를 생각했다. 그녀가 내게 편지를 하지 않게 된 지 퍽 오래 되었다. 그날 저녁 나는 곰곰이 생각한 끝에, 아마 사형선고를 받은 사람의 애인 놀음에 그만 지쳐버린 것이리라고 속으로 생각했다. 어쩌면 병이 났거나 죽었을지도 모른다는 생각도 들었다. 그것은 당연한 일이었다. 서로 떨어져 있는 우리의 두 육체밖에는 이제 우리를 결부시키고 서로 생각나게 하는 것은 아무것도 없었으니, 어찌 내가 그러한 사정을 알 수 있었겠는가? 게다가 그렇다면 그때부터 이미 마리의 추억은 나와는 아무런 관계도 없을 것이었다. 죽었다면 마리는 더 이상 나의 관심의 대상이 못 된다. 그것은 당연한 일이라고 생각되었다. 그와 마찬가지로, 내가 죽은 뒤에 사람들이 나를 잊어버린다는 사실도 나는 잘 이해할 수 있었다. 그렇게 되면 사람들은 나와 아무 상관이 없어지는 것이다. 그런 일은 생각하기 괴로운 것이라고 말할 수도 없었다.

부속 사제가 들어온 것은 바로 그때였다. 그를 보자, 나는 몸이 약간 떨렸다. 사제는 그것을 보고 겁내지 말라고 했다. 보통은 다른 시간에 그가 왔었다고 내가 말했다. 그는, 이번 면회는 나의 상고와는 아무 관계가 없고 순전히 친구로서의 면회이며, 상고에 관해서는 자기는 아무것도 모른다고 대답했다. 그는 내 침상 위에 앉은 다음, 나더러 가까이 와 앉으라고 권했다. 나는 거절했다. 그러나 그는 매우 다정스러워 보였다.

그는 잠시 동안 두 팔을 무릎 위에 올려놓고 머리를 숙인 채 앉아서 자기 손을 바라보고 있었다. 그 손은 가냘프고 힘줄이 드러나 보였는데 두 마리의 날렵한 짐승을 연상케 했다. 사제는 천천히 그 두 손을 비볐다. 그러고는 여전히 머리를 숙이고 우두커니 앉아 있었다. 하도 오랫동안 그러고 있어서, 나는 잠시 그를 잊어버린 것 같은 느낌이 들었다.

그러나 갑자기 그는 머리를 쳐들어 나를 빤히 바라보았다. "왜 나의 면회를 거절하십니까?"라고 그는 말했다. 나는 신을 믿지 않는다고 대답했다. 그 점에 대하여 확신을 가질 수 있느냐고 묻기에 나는, 그러한 것을 자문해볼 필요는 없다고 말했다. 그런 것은 중요하지 않은 문제라고 나에게는 생각되었기 때문이다. 그러자 그는 몸을 뒤로 젖히고 손을 펴 넓적다리 위에 얹은 채 등을 벽에 기댔다. 그는 나에게 말하는 것 같지도 않게, 사람이란 자기로서는 확신을 가질 수 있다고 생각하지만, 사실은 그렇지 못할 때가 있는 것이라고 설명했다. 나는 아무 말도 하지 않았다. 그는 나를 쳐다보고 물었다. "어떻게 생각하십니까?" 그럴 수도 있을 것이라고 나는 대답했다. 어쨌든 나는 실제로 내가 무엇에 관심이 있는지에 대해서는 확신을 가질 수 없을는지도 모르겠으나, 무엇에 관심이 없는지에 대해서는 명백히 확신을 가질 수 있다고 말했다. 그런데 그가 이야기하는 것은 바로 내가 관심이 없는 것이었다.

그는 눈을 돌렸으나 여전히 그 자세는 고치지 않은 채, 절망한 나머지 그런 말을 하는 것이 아니냐고 나에게 물었다. 나는 절망한 것이 아니라고 그에게 설명했다. 다만 나는 두려울 뿐이었으나 그것은 당연한 일이었다. "그렇다면 하느님이 도와주실 것입니다"라고 그는 지적하였다. "당신과 같은 경우에 처하였던 사람으로서 내가 안 사람들은 모두 하느님께로 돌아갔습니다." 그건 그 사람들의 권리라고 나는 인정했다. 그것은 또한 그들에게 그럴 만한 시간이 있었다는 사실을 증명하고 있었다. 그런데 나로 말하면 도움을 받기가 싫었고, 과연 관심도 없는 것에 관심을 가질 시간이 없었던 것이다.

그때 그는 손으로 역정이 난다는 듯한 시늉을 했으나, 곧 그는 몸을 세우고 옷 주름을 바로 잡았다. 그러고 나서 나를 "친구"라고 부르며 말을 걸었다. 그가 나에게 그렇게 말하는 것은 내가 사형선고를 받았기 때문이 아니라는 것이었다. 그의 의견에 의하면 우리들은 모두 사형선고를 받고 있는 것이었다. 그러나 나는 그의 이야기를 가로막고, 그건 경우가 다르며 또 어쨌든 그것으로 위안이 될 수는 없는 일이라고 말했다. "그야 그렇지요."라고 그는 동의했다. "그렇지만 당신이 당장 죽지는 않는다 하더라도 장차는 죽을 것입니다. 그때도 같은 문제가 생길 것이오. 그 무서운 시련을 당신은 어떻게 맞을 것입니까?" 나는, 내가 지금 맞고 있는 것과 꼭 마찬가지로 그 시련을 맞을 것이라고 대답했다.

그 말을 듣자, 그는 일어서서 내 눈을 똑바로 들여다보았다. 그 것은 내가 익히 잘 알고 있는 놀음이었다. 나는 흔히 에마뉘엘이나 셀레스트와 그 놀이를 했었는데, 대개는 그들이 눈을 돌려버리는 것이었다. 사제도 그 놀이를 할 줄 안다는 것을 나는 곧 눈치 챌 수 있었다. 그의 눈길은 조금도 떨리지 않았다. 그리고 그가, "당신은 그럼 아무 희망도 안 가진 채, 죽으면 완전히 없어져 버린다는 생각을 가지고 살고 있습니까?"라고 말했을 때, 그 목소리 또한 떨리지 않았다. "그렇습니다."라고 나는 대답했다.

그러자 그는 머리를 숙이고 다시 걸터앉았다. 나를 불쌍히 여긴다고 그는 말했다. 그것은 인간으로서 도저히 견딜 수 없는 일이라고 생각한다는 것이었다. 내겐 다만 그가 귀찮아지기 시작한다고 느껴질 뿐이었다. 이번에는 내가 돌아서서 천장 밑으로 갔다. 나는 어깨를 벽에 기대고 있었다. 귀담아 듣지는 않았으나, 그가 또다시 나에게 뭐라고 묻는 것이 들려왔다. 그는 불안스럽고 절박한 목소리로 이야기하고 있었다. 그가 흥분된 상태라는 것을 깨닫고, 나는 좀 더 귀를 기울였다.

그는, 나의 상고가 수락될 것이라고 확신하지만 나는 죄의 짐을 지고 있으므로 그것을 벗어야 한다고 말했다. 그의 의견에 의하면, 인간의 심판은 아무것도 아니고 신의 심판이 전부라는 것이었다. 나에게 사형을 선고한 것은 인간의 심판이라고 내가 지적했더니, 그렇지만 그것으로 나의 죄가 씻긴 것은 아니라고 그는 대답했다. 나는 죄라는 것이 무엇인지 모른다고 말했다. 내가 죄인이라는 것을 남들이 나에게 가르쳐주었을 뿐이었다. 나는 죄인이고, 죄의 대가를 치르는 것이니, 그 이상 더 나에게 요구할 수는 없을 것이었다. 그때 사제는 다시 일어섰는데 워낙 좁은 감방이라, 그가 움직이려고 해도 선택의 여지는 없을 것이라고 나는 생각했다. 앉아 있든지 일어서든지 할 수밖에 없는 것이었다.

나는 땅바닥을 내려다보고 있었다. 그는 한걸음 나에게로 다가서더니, 더 앞으로 나설 엄두가 안 난다는 듯이 멈춰 섰다. 그러고는 창살 너머로 하늘을 바라다보고 있었다. "당신의 생각은 잘못이오, 나의 아들이여."라고 그는 말했다. "당신에게는 그 이상 더 요구할 수가 있어요. 또 실제로 요구하게 될 것입니다. "무엇을 요구한단 말입니까?" "보기를 요구할 것이오." "무얼 봐요?"

사제는 주의를 둘러보고 갑자기 지친 듯한 목소리로 대답했다. "이 모든 돌들은 고통의 땀을 흘리고 있습니다. 나는 그것을 압니다. 나는 고뇌 없이 이것들을 바라본 적이 없습니다. 그러나 나는 마음속 깊이, 당신들 중의 가장 비참한 사람일지라도 이 돌들의 어둠으로부터 하느님의 얼굴이 나타나는 것을 보았다는 사실을 알고 있습니다. 당신에게 보기를 요구하는 것은 바로 그 얼굴입니다."

나는 좀 흥분했다. 나는 여러 달 전부터 그 벽을 들여다보고 있다고 말했다. 이 세상에서 그 어느 것에 대해서도, 그 누구에 대해서도 나는 그보다 더 잘 알지는 못할 정도였다. 오래 전에 나는 거기에서 하나의 얼굴을 찾아보려 했었던 것 같다. 그러나 그 얼굴은 태양의 빛과 욕정의 불꽃을 담은 것이었다. 그것은 마리의 얼굴이었던 것이다. 나는 그것을 찾으려 했었으나 헛일이었다. 이제는 그것도 지나간 일이다. 어쨌든 나는 그 땀어린 돌로부터 솟아나는 것은 아무것도 보지 못했다고 말했다.

사제는 일종의 슬픈 표정으로 나를 쳐다보았다. 이제 나는 벽에 등을 완전히 기대고 있었으므로, 빛이 나의 이마 위로 흐르고 있었다. 그는 무어라고 몇 마디 말했으나 나는 듣지 못했다. 그러더니 그는 매우 빠른 어조로, 나를 껴안는 것을 허락해주겠느냐고 물었다. "싫습니다."라고 나는 대답했다. 그는 돌아서서 벽으로 걸어가더니 천천히 그 위에 손을 갖다 대고, "그래 그렇게도 이 땅을 사랑합니까?"라고 중얼거렸다. 나는 아무 대답도 하지 않았다.

그는 상당히 오랫동안 돌아서 있었다. 방 안에 그가 있는 것이 마음에 짐이 되고 성가셨다. 그에게 혼자 있고 싶으니 가달라고 말하려는 참인데, 그때 그는 다시 나에게로 돌아서면서 갑자기 요란스럽게 외쳤다. "아니, 당신 말을 나는 믿을 수가 없습니다. 당신도 다른 생애를 바란 적이 있었으리라고 나는 확신합니다." 물론이다, 그러나 그것은 부자가 된다든지 헤엄을 빨리 칠 수 있게 된다든지 더 잘생긴 입을 가지게 되는 것을 바라는 것보다 더 중요할 게 없다고 나는 대답했다. 그것도 그와 같은 종류의 일인 것이다. 그러나 그가 나의 말을 가로막고 그 다른 생애라는 것을 어떻게 상상하느냐고 묻기에, "지금의 이 생애를 회상할 수 있는 그러한 생애"라고 외치고 곧 이어서, 이제 그런 이야기는 더 듣고 싶지 않다고 말했다. 그는 또 하느님 이야기를 꺼내려고 했으나 나는 그에게로 다가서며, 나에게는 남은 시간이 조금밖에 없다는 것을 마지막으로 한 번 더 설명하려 했다. 나는 하느님 이야기로 시간을 허비하고 싶지 않았다. 그는 화제를 바꾸려고, 왜 자기를 "내 아버지."라고 부르지 않고 "선생님."이라고 부르냐고 물었다. 그 말에 나는 화가 나서, 당신은 나의 아버지가 아니며 다른 사람들과 한편이라고 대답했다.

"아닙니다, 내 아들이여!"라고, 나의 어깨 위에 손을 올려놓고 그는 말했다. "나는 당신 편입니다. 그러나 당신은 마음의 눈이 멀어서 그것을 모르는 것입니다. 당신을 위해서 기도를 드리겠습니다."

그때, 왜 그랬는지는 몰라도, 내 속에서 그 무엇인가가 툭 터져버리고 말았다. 나는 목이 터지도록 고함치기 시작했고 그에게 욕설을 퍼부으면서 기도를 하지 말라고 말했다. 나는 그의 신부복 깃을 움켜잡았다. 기쁨과 분노가 뒤섞인 채 솟구쳐 오르는 것을 느끼며 그에게 마음속을 송두리째 쏟아버렸다. 그는 어지간히도 자신만만한 태도다. 그렇지 않고 뭐냐? 그러나 그의 신념이란 것 모두 여자의 머리카락 한 올만한 가치도 없어. 그는 죽은 사람처럼 살고 있으니, 살아 있다는 것에 대한 확신조차 너에게는 없지 않느냐? 나는 보기에는 맨주먹 같을지 모르나, 나에게는 확신이 있어. 나 자신에 대한, 모든 것에 대한 확신. 그보다 더한 확신이 있어. 나의 인생과, 닥쳐올 이 죽음에 대한 확신이 있어. 그렇다, 나한테는 이것밖에 없다. 그러나 적어도 나는 이 진리를, 그것이 나를 붙들고 놓지 않는 것과 마찬가지로 굳게 붙들고 있다. 내 생각은 옳았고, 지금도 옳고, 언제나 또 옳을 것이다. 나는 이렇게 살았으나, 또 다르게 살 수도 있었을 것이다. 나는 이런 것은 하고 저런 것은 하지 않았다. 어떤 일은 하지 않았는데 다른 일을 했다. 그러니 어떻다는 말인가? 나는 마치 저 순간을, 내가 정당하다는 것이 증명될 저 새벽을 여태껏 기다리며 살아온 것만 같다. 아무것도 중요한 것은 없다. 나는 그 까닭을 알고 있다. 그도 그 까닭을 알고 있는 것이다. 내가 살아온 이 부조리한 생애 전체에 걸쳐, 내 미래의 저 밑바닥으로부터 항시 한 줄기 어두운 바람이, 아직도 오지 않은 세월을 거쳐서 내게로 불어 올라오고 있다. 내가 살고 있는, 더 실감난달 것도 없는 세월 속에서 나에게 주어지는 것은 모두 다, 그 바람이 불고 지나가면서 서로 아무 차이가 없는 것으로 만들어버리는 거다. 다른 사람들의 죽음, 어머니의 사랑, 그런 것이 내게 무슨 중요성이 있단 말인가? 그의 그 하느님, 사람들이 선택하는 삶, 사람들이 선택하는 숙명, 그런 것이 내게 무슨 중요성이 있단 말인가? 오직 하나의 숙명만이 나를 택하도록 되어 있고, 더불어 그처럼 나의 형제라고 하는 수많은 특권을 가진 사람들도 택하도록 되어 있는 것이다. 알아듣겠는가? 사람은 누구나 다 특권을 가지고 있다. 특권을 가진 사람들밖에는 없는 것이다. 다른 사람들도 또한 장차 사형을 선고받을 것이다. 그 역시 사형을 선고받을 것이다. 그가 살인범으로 고발되었으면서 어머니의 장례식 때 눈물을 흘리지 않았다는 이유로 사형을 받게 된들 그것이 무슨 중요성이 있다는 말인가? 살라마노의 개나 그의 마누라나 그 가치를 따지면 매한가지다. 자동인형 같은 그 작은 여자도, 마송과 결혼한 그 파리 여자도 마찬가지로, 또 나와 결혼을 하고 싶어 하던 마리나 마찬가지로 죄인인 것이다. 셀레스트는 레이몽보다 낫지만, 셀레스트와도 마찬가지로 레이몽도 나의 친구라고 한들 그것이 무슨 중요성이 있단 말인가? 마리가 오늘 어떤 새로운 뫼르소에게 입술을 내준다해서 그것이 어떻다는 말인가? 이해하느냐고, 이 사형수를, 그리고 내미래의 저 밑바닥으로부터…… 이런 모든 것을 외쳐대며, 나는 숨이 막혔다. 그러나 벌써 사람들이 사제를 내 손아귀에서 떼어내고 간수들이 나를 위협했다. 그러나 사제는 그들을 진정시키고, 잠시 묵묵히 나를 바라보았다. 그의 눈에는 눈물이 가득히 괴어 있었다. 그는 마침내 돌아서서 사라졌다.

그가 나가버린 뒤에, 나의 마음은 다시 가라앉았다. 나는 기진맥진해서 침상 위에 몸을 던졌다. 그러고는 잠이 들었던 모양이다. 왜냐하면 눈을 뜨자 얼굴 위에 별이 보였기 때문이다. 들판의 소리들이 나에게까지 올라왔다. 밤 냄새, 흙냄새, 소금 냄새가 관자놀이를 시원하게 해주었다. 잠든 그 여름의 그 희한한 평화가 밀물처럼 내 속으로 흘러들었다. 그때 밤의 저 끝에서 뱃고동 소리가 울렸다. 그것은 이제 나에게 영원히 관계가 없게 된 한 세계로의 출발을 알리고 있었다. 참으로 오래간만에 처음으로 나는 엄마를 생각했다. 그녀가 왜 인생이 다 끝나갈 때 '약혼자'를 가졌는지, 왜 생애를 다시 시작해보는 모험을 했는지 나는 이해할 수 있을 것 같았다. 거기, 뭇 생명들이 꺼져가는 그 양로원 근처 거기에서도, 저녁은 우수가 잠시 머무는 휴식시간 같았었다. 그처럼 죽음 가까이에서 엄마는 해방감을 느꼈고, 모든 것을 다시 살아볼 마음이 내켰을 것임에 틀림없다. 아무도 그녀의 죽음을 슬퍼할 권리는 없는 것이다. 그리고 나도 또한 모든 것을 다시 살아갈 준비가 되어 있다는 것을 느꼈다. 마치 그 커다란 분노가 내게서 악을 몰아내고 희망을 비워 주기라도 한 듯이, 징조들과 별들이 가득한 이 밤을 마주해서, 나는 처음으로 세계의 다정한 무관심에 마음을 열었다. 세계가 그토록 나와 닮았고, 마침내 그토록 형제같이 느껴지자, 나는 행복했었고, 여전히 행복하다고 느꼈다. 모든 것이 완성되기 위해서, 내가 외로움을 덜 느끼기 위해서, 내게 남은 바람은, 내가 처형되는 날 많은 구경꾼들이 와서 증오의 함성으로 나를 맞이해주는 것이었다.

역자 해설

─알베르 카뮈의 *L'Étranger*(레트랑제)가 아닌 우리(글)의 《이방인》을 위한 소고─

지금부터 70여 년 전인 1942년 5월 19일에 프랑스 파리의 갈리마르 출판사에서 알베르 카뮈(Albert Camus, 1913-1960)의 《이방인 *L'Étranger*》이 출간되었다. 말하자면 서른 즈음에 일약 문단의 주목을 받으며 등장한 작가 카뮈는 우리 식으로 마흔여덟의 나이에 안타깝게도 자동차 사고로 세상을 떠났지만, 작가 카뮈를 대신하여 그의 분신이라고도 여겨지는 《이방인》은 이제 칠순의 나이를 넘어 소설을 포함한 여러 문학 장르에 속하는 작품들의 계보에서도 명실상부한 고전의 위치를 차지하고 있다. 후기 산업사회의 고령화된 우리의 사회적 상황을 넘어 칠십 년이라는 지난 세월은 문학의 장(場)과 관련해서도 새로운 출발점이 된다는 점과 아울러 온고지신(溫故知新)의 정신을 요구하는 것으로 보인다. 게다가 2013년은 카뮈 탄생 백주년이다.

사실 카뮈는 그 책을 알제리에서 구상하기 시작해 1940년 6월에 집필을 완료했다고 알려져 있는데, 그가 1940년 말에 재혼하게 되는 오랑 출신의 프랑신 포르(Francine Faure)에게 보낸 1940

년 4월 30일자 편지에 보면 4월 말 이전에 원고를 탈고한 것으로 보인다. 프랑스가 전쟁에 패했을 때 알베르 카뮈는 클레르몽 페랑 시로 피난을 가면서 타고 간 자동차의 트렁크 속에《이방인》의 원고를 싣고 갔는데, 그 원고는 그 후 느리고도 어려운 길을 거쳐 마침내 출판인 가스통 갈리마르(Gaston Gallimard)의 손에 이르게 되었다.[1]

카뮈의 작품들 중에서 이 '낯선' 소설만큼이나 독자의 손에 도달하기 위해 느리고도 어려운 길을 걸었던 작품이 더 있는데, 그것은 1937년 8월경에 집필을 위한 구상 계획이 세워진 것으로 알려져 있으며, 그가 사망한 이후 1971년에 출판된, 그의 생전에는 미발표 소설《행복한 죽음 La Mort heureuse》이다.《이방인》의 습

---

1) 로제 키요(Roger Quilliot), 《이방인》을 다시 읽는다-《이방인》 50주년 기념 논문〉 in《이방인》(김화영 옮김, 세계문학전집266, 민음사, 2011), 145쪽. 아울러 같은 책 〈작가 연보〉 부분 233쪽에는 카뮈가 프랑신 포르에게 보낸 그 편지에 아마도《이방인》을 두고 한 말인 듯한 다음과 같은 내용이 들어있다. "이제 막 내 소설을 끝냈소…… 아마도 내 일은 다 끝난 것 같지 않소." 또한 참고적인 사항으로는, 로제 키요의 위 글은 1992년 11월《현대문학》에도 《《이방인》을 다시 읽는다〉는 제목으로 실린 것으로 확인되었으나, 프랑스어 원문은 구하지 못하였다. 아울러 1992년《이방인》 출간 50돌을 맞아 세계 각지에서 국제학술대회가 개최되었고, 국내에서도 카뮈 연구자 로제 키요가 방한하여 서울대 인문과학연구소가 주최한 강연회가 있었으며, 그 내용은 서울대 불어문화권연구소가 발간하는《불어문화권연구》(Vol. 3, No. 1, 86-100쪽)에 〈알베르 카뮈에 대한 세 가지 읽기〉라는 제목으로 강연 내용 중 질의응답 부분이 우리말로 옮겨 제시되어 있다.

작에 해당하는 것으로도 볼 수 있을 《행복한 죽음》의 주인공 메르소(Mersault)는 《이방인》의 'u' 철자 하나만 다른 주인공 뫼르소(Meursault)의 전신이라고 할 수 있다. 로제 키요는 '뫼르소'가 '메르소'의 동생이라고 했다. 그럼에도 불구하고 로제 키요는 여러 세세한 점들에서 《행복한 죽음》은 《이방인》의 모태가 될 수 없다고 언급하고 있으며, 비록 《이방인》이 《행복한 죽음》에 많은 빚을 지고 있기는 하지만, 후자는 어떤 의미에서는 '미래의 작품'을 위한 '열린 봉오리'였다가 결국 '해체된' -'éclaté'- 완전히 다른 책이라고 언급하고 있다.[2]

게다가 카뮈가 1960년 1월 4일 친구 미셸 갈리마르(Michel Gallimard)가 몰던 자동차를 타고 노벨상 상금으로 처음 마련한 그의 집이 있는 남프랑스의 루르마랭(Lourmarin)에서 파리로 가던 중 당한 불의의 교통사고 현장에서는 그의 가방이 발견되었는데, 그속에서는 한 해 전부터 집필에 열중이던 그의 자전적 소설 《최초의 인간 *Le premier homme*》 원고가 발견되었다. 그 《최초의 인간》 또한 1994년이 되어서야 1945년에 태어난 그의 쌍둥이 자녀 중의 한 명인 카트린 카뮈(Catherine Camus)에 의해 빛을 보게 되었다.

---

2) Albert Camus, *L'Étranger,* in Oeuvres complètes, t. I, 1931-1944, Paris, Galli-mard, «Bibliothèque de la pléiade», 2006, pp. 1913-1914. "Mais la ressemblance va plus loin que les noms : pour stylisé qu'il soit, Meursault est bien le frère cadet de Mersault. (......) Ces détails suffiraient à prouver que la Mort heureuse n'est nulle-ment la matrice de l'Étranger : c'est un tout autre livre, auquel l'Étranger doit beau-coup assurément, mais qui a éclaté en quelque sorte au profit de l'oeuvre future."

    파리가 아직 나치의 점령 하에 있던 때에 출간된, 그러한 《이
방인》이 한국전쟁이 막바지던 1952년 부산에서 한국불어불문학
계의 1세대 원로 서농(西儂) 이휘영 교수의 손에 의해 '동양권 언
어로는 최초로 우리말로 번역되어[3]' 이듬해인 1953년에 출판되
었다. 시간적·공간적 차이를 둔 프랑스와 한국에서의 전쟁과 무
수한 죽음. 그리고 작가 카뮈와 처음 우리말로 번역한 이휘영 사

---

3) 《이방인》의 우리말 번역(·출간) 시기와 관련하여, 특히 '동양권 언
어 최초의 우리말 번역'에 관한 사항이나, 우리가 확인하여 알고 있듯이
'1953년에 《이방인》 번역본이 출간'되었는지, 아니면 그 시기가 '1951년
인지'에 관해서도 다소간 상이한 점들도 있다. 국립중앙도서관의 자료에는
1953년의 번역본이 《이방인》의 초역으로 나와 있으나, 우리가 확인한 바
로는 어떤 자료에서는 "많은 번역 가운데서, 특히 1951년의 카뮤의 〈이방
인 L'Etranger〉 번역은 완벽할 뿐 아니라 그 작품이 동양에서 최초로 번역되
었다는 데 큰 의의를 가진다."고 되어 있으며, 이휘영 교수 20주기 추모문
집 발간 소식을 전하는 한 기사(2006년 2월 17일자 연합뉴스 김희선 기자)
에서는 "알베르 카뮈가 노벨상을 타기 6년 전인 1951년 이미 '이방인'을
번역출판하여 전후 국내 실존주의의 유행에 기여"했다고 전하고 있으며,
또한 서울대학교 인문대학 불어불문학과 홈페이지의 교수진 소개 항목의
역대 재직 교수 소개에서 확인할 수 있는 사항은 "카뮈, 《이방인》, 청수사,
1951"이었다. 하지만 1985년 김혜동의 박사학위 논문 《이방인》 해석에
관한 비판적 고찰〉의 머리말에서는 "우리나라에서도 《이방인》은 1960년
처음 번역된 이래 넓은 층의 독자를 획득했으며"와 같이 1960년 첫 번역
이라고 제시된 사항은 바로잡혀야 할 것으로 보인다. 그리고 '동양권 언어
최초의 우리말 번역'이라는 서술과 관련된 사항도 다시 다뤄야 할 것이다.

이의 지역적 · 문화적 차이와 그 정신적 공감[4]. 작가와 번역자[5]의 손을 떠나 영원히 정지한 시간을 살고 있는 원작 *L'Étranger*('레트랑제')와 번역본 《이방인》. '오늘, 엄마는 죽었다.(Aujourd'hui, maman est morte.)'라는 문장으로 시작하여 곧바로 '아니 어쩌면 어제였을지도 모른다(Ou peut-être hier, je ne sais pas)'라는 서술이 뒤따르는 간결한 문체와 밋밋하고 건조한 문장들이 독립적으로 병치되어 있는 특징을 보여주는 《이방인》[6]. '자기 자신과 사회에 대해 낯설

---

4) 《이방인》이 프랑스에서 1942년에 출간되었을 때 작가 카뮈의 나이는 우리식으로 서른 살 정도, 1952-53년경에 우리말로 처음 번역되었을 때 번역자 이휘영(1919-1986)의 나이는 서른 넷 정도였다. 당시의 번역자와 관련된 사항을 살펴보면 다음과 같다. 김윤진에 따르면 "프랑스어를 출발 언어로 삼은 최초의 번역 세대가 있긴 하다. 김병철에 따르면, 그들은 대개 일본에서 프랑스어를 공부한 학자들로서 해방 이후에도 활발히 번역 작업을 했는데, "해방 전에 벌서 역필을 들었고, 해방 후에도 역시 역필을 쉬지 않은 손우성, 40년대에 벌써 프랑스 문학 역간에 등장한 선배 격인 해방 제1세대들인 박광선, 최완복, 이휘영, 안응렬" 등이 그에 해당한다." 김윤진, 〈정명환 및 정명환 동세대 불문학자들의 번역의 의미〉 in 《정명환 깊이 읽기》, 문학과 지성사, 2009. 394쪽 참조.

5) "번역이라는 행위에 있어 가중 중요한 주체인 번역자는 사상(捨象)되어 마치 번역 자체가 자동적으로 이루어진다는 느낌을 주며, 번역자에 대한 연구, 이를테면 번역자의 역할과 기능이라거나 번역에 있어서의 심리적 지향성, 단어나 구문 선택 혹은 번역 방식의 선택에 있어서의 의도성에 대한 연구 등은 전무하다시피 하다." 김윤진, 같은 책, 388쪽.

6) 로제 키요, 앞의 책, 162-163쪽. "앞서서 나는 문체(style)의 교훈이라고 말한 바 있습니다. 《이방인》은 그 스타일에 있어서 간결함과 정확함의

게 느끼는 자' 혹은 '사회가 이상한 사람으로 치부하는 자'이고, 보통사람들과 다르게 생각하고 다르게 행동하는 '괴팍한 인간' 뫼르소가 등장하는《이방인》. 그동안 한국의 독자들에게 번역 소개된 그 무수한《이방인》들은 과연 동일한 모습(l'identité)으로 소개된 것인지, 아니면 미묘한 차이를 갖는 다른 모습(l'altérité)으로 소개된 것인지, 어떤 모습에 대해서 카뮈가 '네, 그것은 사실입니다'라고 거들어 줄 것인지, 또한 그 어떤 모습은 어떻게 한 권의 번역본 속에 온전히 담길 수 있을 것인지 하는 관심사들이 이 글의 출발점이라고 할 수 있다.

그런데 카뮈의《이방인》은 언제부터《이방인》이 되었을까? 제목의 우리말 옮김과 관련된 다음의 두 가지 주장을 소개하는 것만으로도 그와 관련된 주변적인 사항들이 비교적 적절히 드러날 것으로 보인다.

모범입니다. 사르트르는 그 점을 잘 증명해 보였습니다. 거의 조직화되지 않은 채 가급적이면 그냥 방치되어 있을 뿐인 독립절들, 가령 "오늘 엄마가 죽었다. 아니 어쩌면 어제.(Aujourd'hui, maman est morte. Ou peut-être hier, je ne sais pas.)" 같은 경우가 그렇습니다. 문장들은 최대한 종속절을 피하면서 밋밋하고 건조하게 서로 이어져 있습니다. 순간의 스타일이라고나 할까요. 작가의 천재성은 일인칭을 사용하면서도 초연한 스타일을 구사한다든가 또는 지각과 주석을 배제한 채 행동들과 감각들을 병치해 놓았다는 데 있습니다." 키요가 언급하고 있는《이방인》의 첫 문장 번역문은 당연히 그의 글이 실려 있는 김화영의《이방인》번역본에 따른 것이다.

우선 카뮈의 작품《이방인》의 제목과 관련하여 이기언의 다음과 같은 주장은 그 제목이 부적절하다는 것이다.

독자들에게 이해를 구한다. 이 글에서《이인》은 우리나라에 널리 알려진《이방인》과 동일한 작품이다.

필자는 여러 글을 통해서《이방인》이라는 제목의 부적절함을 지적한 바 있다. 간단히 설명하자면 등장인물이자 화자 뫼르소는 결코 '이방인'이 아니다. 그는 알제에 살고 있는 토박이 알제인이기 때문에, 그에게는 이방인이 될 자격조차 아예 없다. 물론 사전적 의미가 아닌 형상화된 의미의 '이방인'이라는 논리를 내세울 수도 있다. 하지만 이 논리는 작품의 제목 자체가 지니고 있는 풍부한 의미를 담기에는 너무나도 모자란다.

우선, 뫼르소는 '자기 자신과 사회에 대해 낯설게 느끼는 자' 혹은 '사회가 이상한 사람으로 치부하는 자'이고, 보통사람들과 다르게 생각하고 다르게 행동하는 '괴팍한 인간'이다. 이런 의미에서 뫼르소는 '이상한 사람'이거나 '낯선 사람' 혹은 '기인(畸人)'이다.

또한 소설 구조상으로 볼 때, 제1부의 뫼르소와 제2부의 뫼르소가 있는데, 독자의 입장에서 보면 제2부에서 판검사가 보는 '사악한 뫼르소'와 제1부의 '순진한 뫼르소'는 전혀 다른 사람이다. 이런 의미에서 뫼르소는 '이인(異人)'이고 '이인(二人)'이다.

그리고 '등장인물로서의 뫼르소'와 '화자로서의 뫼르소'가 있는데, 서술 기법상으로 볼 때, 후자는 전자를 마치 '타인(他人)'처럼 묘사하고 있다. 이 경우 역시, 뫼르소는 '이인(異人)'이거나 '이인(二人)'이다.

이처럼 카뮈의 소설 제목은 위에 제시한 여러 가지 의미들을 동시에 내포하고 있다. 따라서 우리말 표기의 장점을 최대한으로 살려 번역하자면 '이방인'이 아닌 '이인'이 적절하다.[7]

반면에 김화영의 《이방인》이라는 제목에 관한 언급은 다음과 같다.

카뮈의 《작가수첩1》(232쪽)에 당시 카뮈의 심정은 물론 《이방인》과 관련하여 매우 주목할 만한 한 가지 기록이 등장한다.

> 3월.
> 이 어두운 방에서—갑자기 **낯설어진** 한 도시의 소음을 들으며- 이 돌연한 잠 깨임은 무엇을 의미하는 것인가? 그리하여 모든 것이 **낯설다**. 모든 것이, 내게 낯익은 존재 하나 없이, 이 상처를 아물게 해 줄 곳 하나 없이, 내가 여기서 무얼 하고 있는 것인가? 이 몸짓, 이 미소는 무엇과 어울리는 것인가? 나는 이곳 사람이 아니다-다른 곳 사람도 아니다. 그리고 세계는 내 마음이 기댈 곳을 찾지 못하는 알지 못할 풍경에 불과하다. **이방인**, 그는 이 말이 무슨 뜻인지 알지 못한다.
>
> **이방인**, 내게 모든 것이 **낯설다**는 것을 고백할 것.
> 모든 것이 분명해진 지금, 기다릴 것, 그리고 아무것도 빠뜨리지 말 것. 적

---

7) 이기언, 〈태양과 바다, 빛과 어둠의 이중주 - 카뮈의 지중해〉, 163페이지 in 《지중해, 문명의 바다를 가다》(한길HISTORIA, 박상진 엮음, 한길사, 2005) 아울러 카뮈의 《이방인》에 관한 이기언의 '이인'이라는 제목 제시와 관련된 사항으로는 이기언의 《이인》(문학동네 세계문학전집 76권)을 참조할 수 있다.

어도 침묵과 창조를 동시에 완전하게 하는 방식으로 일할 것. 그 밖의 것은 모두, 그 밖의 것은 모두, 어떤 일이 생기건 상관없다.

여기서 내가 임의로 강조하여 표시한 단어들은 모두가 다 카뮈의 소설 제목인 **étranger**라는 단어의 번역이다. 여기서 잠시 이 소설의 제목에 대하여 생각해 볼 필요가 있다. 나는 최초의 역자인 이휘영 교수의 번역을 그대로 따라서 소설의 제목을 '이방인'이라고 옮겼다. 사실 이휘영 교수의 번역 역시 그보다 앞서 나온 일본어 번역을 그대로 따른 것이었다. 오늘날 한불사전들은 **étranger**라는 단어를 형용사로 '외국의', '외부의', '국외자의', '낯선', '생소한', '무관한' '이물(異物)의', 명사로 '외국인', '외부 사람', '국외자' 등으로 풀이하고 있을 뿐 어디에도 '이방인(異邦人)'이라는 표현은 찾아볼 수가 없다. 아마도 그 표현이 일본어에서 왔기 때문이 아닌가 한다. 지금도 우리말에서 예외적으로 이 표현이 사용되는 경우는 없지 않겠지만, 이제 '이방인'이라는 단어는 많은 사람들의 머릿속에서 오직 알베르 카뮈의 이 유명한 소설의 제목이나 주인공을 지칭하는 고유한 의미로 굳어 버린 것이 사실이다. 반세기 이상 지속되어 온 독서 관습을 존중하여 나는 오래 주저한 끝에 결국 그 나름으로 독자적인 울림을 가지게 된 제목의 번역을 바꾸지 않기로 결정했다.[8]

즉 위 두 가지 인용문(두 번째 인용문에는 그 안에 또 다른 인용문이 들어있기에 그 부분은 좀 더 작은 서체로 표기되어 있다)

---

8) 《이방인》(김화영 옮김, 세계문학전집 266, 민음사, 2011), 181-183쪽.

에서 우리가 밑줄을 친 부분에 따르면, 한편에서는《이방인》이라는 제목은 우리말 표기의 장점을 살려 '이인(異人) 혹은 이인(二人)'이 적절할 것이라는 나름대로 신선한 주장과, 다른 한편으로는 그런 주장에 일견 귀 기울임에도 불구하고 고민스러운 시간을 거쳐 결국《이방인》으로 정할 수밖에 없는 저간의 사정을 피력하고 있는 것으로 볼 수 있을 것이다. 하지만 그간의 '이방인'이라는 번역이 부적절하다는 나름 정교하고 치밀한 주장을 펼치는 이기언의 글처럼, 번역자가 기존 독서 관습에 따르는 대신에 독자들에게 작품에 대한 새로운 관심과 흥미를 갖는 계기를 제시해 준다는 점에서, 아울러 원작의 제목 번역에 대해서도 새로운 가능성을 열어둔다는 점에서 다시금 고민해 볼 수 있는 여지가 있다고 생각된다.

그런데 위에서 두 번째로 인용한 김화영의《이방인》제목과 관련된 언급을 무심코 읽어내려 가다가 한 가지 이상한 점이 눈에 들어왔다. 그것은 "사실 이휘영 교수의 번역 역시 그 보다 앞서 나온 일본어 번역을 그대로 따른 것이었다. (……) 아마도 그 표현이 일본어에서 왔기 때문이 아닌가 한다."라는 해설이었다. 앞에서 우리는 이휘영 교수의 번역이 '동양권 언어로는 최초로 우리말로 번역되어 1953년에 출판'되었다고 언급했는데, 카뮈 연구자로 그 위상이 높은 김화영의 위 언급이 '사실'이라면 우리의 모두(冒頭) 진술은 수정되어야 마땅할 것이며, 사실 어떤 면에서는 별것 아닐 수도 있지만, 아쉬운 점은 그간 《이방인》의 우리말 번역본이 동양권 언어 최초로 옮겨졌었다는 점에서 우리의 카뮈 연구자들이나 일반 독자들에게 나름 자부심을 가질만한 수식으로 사용된 그 표현을 우리는 이제 내려놓아야 할 것이라는 점이다.

그와 관련된 사항을 언급하면 다음과 같다.

カミュ『異邦人』窪田啓作訳、新潮社、1951年。

アルベエル・カミュ『異邦人』窪田啓作訳、新潮社〈新潮文庫〉、1963年7月（原著1954年9月）、改版。ISBN 4-10-211401-7。

Albert Camus『異邦人』古賀照一編、第三書房、1956年2月。

カミュ『異邦人・転落』佐藤朔・窪田啓作訳、新潮社〈カミュ著作集 第1〉、1958年。

カミュ 『異邦人・ペスト・転落・誤解』 佐藤朔ら訳、新潮社〈世界文学全集 第39〉、1960年。

カミュ「異邦人」中村光夫訳、『現代フランス文学13人集 第1』中村光夫・白井浩司編、新潮社、1965年。

カミュ「異邦人」中村光夫訳、『新潮世界文学 第48』新潮社、1968年。

カミュ『異邦人・シーシュポスの神話』佐藤朔・高畠正明編集、新潮社〈カミュ全集 2〉、1972年。

アルベール・カミュ「異邦人」窪田啓作訳、『集英社ギャラリー「世界の

文学」9』集英社、1990年7月。ISBN 4-08-129009-1。[9]

위 내용의 세 번째 항목까지를 우리말로 옮기면 다음과 같다.

카미유 ′이방인′ 쿠보타 케이 작품 번역, 신조사, 1951.
아루베에루 카미유 ′이방인′ 쿠보타 케이 작품 번역, 신조사 〈신쵸 문고〉 1963년 7월 (원저 1954년 9월), 개판. ISBN 4-10-211401-7.
Albert Camus ′이방인′ 코가 照一 편, 셋째 서점, 1956년 2월.[10]

알베르 카뮈의 일본식 발음을 우리말로 표기하면 '아루베에 루 카미유'가 되는 듯하고, 쿠보타 케이라는 번역자의 1951년 판 이 있으며, 아울러 동일 역자의 1963년 판본과 관련해서는 '1954 년 9월'의 원저를 개판(改版)한 것으로 소개되어 있다. 또한 동일 역자의 1960년 판본은 '신조사의 세계문학전집 제39권'으로 카 뮈의 다른 작품들이 다른 역자들의 번역과 함께 포함되어 있다.

위의 서지 사항만을 통해서는 1951년 판본이 완역본인지의 여부는 알 수 없으나, 우선은 1951년 본이 소개되어 있어서 우리

9) 이는 그와 관련된 사항을 확인하기 위하여 구글(google) 사이트를 검 색하여 찾은 내용이다.

10) 이 내용은 구글 번역기를 참조하여 번역한 결과다. 즉 이 번역 결과는 온라인상으로 제공되는 무료 기계번역 프로그램을 이용한 것으로, '좋은' 번역의 결과라기보다는 단지 '적절한' 번역을 보여주고 있을 따름이다. 이 정도의 차원에서는 적절하고, '충분한' 번역으로 볼 수 있다.

말 번역본이 출간된 1953년보다 서지 사항으로는 앞서고 있기는 하다. 아울러 일본어 《이방인》 번역본들의 경우에는 그 제목에 있어서 예외 없이 '이방인(異邦人)'이라는 표기가 보인다. 그리고 대한민국 국립중앙도서관에서 확인한 결과 일본어 판본으로 소장되어 있는 쿠보타 게이의 《이방인(異邦人)》은 소화27년, 즉 1952년으로 되어 있었는데, 확인 결과 1951년 6월 25일이 초판 발행이고, 1952년 3월 15일이 56판 발행이었으며, 1951년 4월 날짜의 역자후기가 붙은 완역본이었다.

그럼에도 《이방인》의 우리말 번역이 그야말로 생사를 넘나드는 한국 전쟁 중에 이루어졌다는 점[11]과 당시의 출판계의 물리적인 조건들이 상당히 힘들었을 것이라는 점 등을 고려하자면 그

---

11) 1952년 11월 27일이라고 날짜가 적힌 이휘영의 역자후기 초반에는 역자가 이미 오래 전부터 《이방인》을 번역하고 있었으나, 여건상 일찍 번역이 끝나지 못했음을 다음과 같이 밝히고 있다. "처음 〈異邦人〉의 飜譯을 손에 대인 것은 佛蘭西文學의 새로운 作品을 무엇이든 우리나라에 紹介하여 보았으면 하고 생각하고 있던 터에 入手할수 있었던 것이 바로 카뮤의 이 作品이었다는 偶然으로 因하여서였다. 그러나 그後, 過重한 講義에 쫓기는 몸으로 이 길지 않은 作品의 飜譯을 퍽으나 오랫동안 조금씩 틈틈히 繼續하는 사이에, 과연 이 作品이 傑作임에 홀로 感歎을 禁하지 못하였던 적이 한두 번이 아니었었다." 분명한 것은 이휘영이 카뮈의 《이방인》 번역을 오래 전에 착수하였으며, 아마도 한국전쟁 때문에 출간이 늦어진 것으로 보아야 할 듯하다. 그렇기 때문에 이휘영의 《이방인》 번역이 1951년으로 제시되는 자료들이 있는 것으로 생각된다. 하지만 번역 출간본으로 확인된 것은 1953년 이전의 것은 찾을 수가 없었다.

의의는 무척이나 크다고 할 수 있다. 그리고 이휘영의《이방인》 우리말 번역본과 관련해서 국내 자료들 중에서는 '《이방인》의 1951년 번역'을 제시하고 있는 내용도 있기에, 확실하고도 확정적인 사항은 차후에 좀 더 확인이 필요할 것으로 보인다. 다만《이방인》의 번역본을 발행한 출판사인 청수사는 그 등록일이 4285년(1952년) 2월 18일 제18호로 되어 있다는 점을 확인하였다.

하지만 이 글에서는 중역(重譯)의 문제, 특히 일본어 중역의 문제는 다루지 않았으며, 그와 관련된 사항은 프랑스 문학의 국내 수용사적인 측면에서 또 다른 장을 필요로 하는 것이라 생각된다. 다만 우리의 생각은 이휘영을 포함한 "해방 1세대들은 비록 프랑스어에서 직접 우리말로 옮기는 작업을 했지만, 우리가 조심스럽게 접근해야 할 것은, 그들이 프랑스어를 일본어로 배웠다는 점에서 그들 역시 어느 정도의 일본어에 의한 간섭 현상을 받지 않았을까하는 것이다. 물론 프랑스어로 된 텍스트의 이해에 있어서는 그들의 뛰어난 능력을 전혀 의심할 수 없으며, 그들이 한국에서의 불문학과 설립, 후배 양성, 사전 편찬 등 제대로 된 연구의 토대를 구축하였음은 누구나 다 인정하는 바이지만, 일본에서 유학하면서 일본어를 매개로 하여 텍스트 이해에 도착했다는 시대적 한계가 그들에게 제약이 되었을 수도 있기 때문이다."[12] 하지만 우리가 확인한 바 한 가지 분명한 사실은《이방인》을 우리

---

12) 김윤진, 앞의 책, 394-395쪽.

말로 처음 번역한 이휘영은 1951년에서 1952년 사이에 파리의 소르본에서 수학한 것으로 알려져 있다는 점이다.

아울러 "그러한 관점에서 본다면, 진정한 의미에서의 번역은 해방 제2세대, 즉 프랑스에서 프랑스어로 프랑스 문학을 공부한 학자 출신의 번역가들에게서 시작되었다고 할 수 있을 것이다."[13] 우리가 보기에 이휘영으로 대표되는 해방 1세대들은 1950년대 후반부터 번역을 주도하게 되는 해방 2세대들과 더불어 번역을 주도하였는데, "전후라는 시대적인 특성상 실존주의의 대가들인 카뮈, 사르트르의 작품들이 많은 선호도를 얻었고",[14] 그 당시 2세대들은 번역을 문학의 관점에서, 다시 말해 "번역의 제1세대들이 세운 토대 위에서, 번역을 통한 본격적인 프랑스 문학 연구의 길을 정립하고자 했던 것이다. 그러기 위해 그 이전까지의 왜곡된 작품 번역을 지양하고, 일본어 중역을 통해 수월하게 할 수 있는 번역을 마다했으며, 한 편의 작품 번역에도 그 작품의 저자와 작품 세계, 문학사조의 특성을 설명함으로써 그것이 일반 독자들, 혹은 장차 문필가가 되거나 문학 연구자가 될 후학들을 위

13) 김윤진, 같은 책, 395쪽, 그리고 다음의 내용은 390쪽의 각주 5)에서 재인용. "김병철은 1950년대에 등장하는 소위 해방 제2세대를 거론하며 그 대표적 인물들로, 정명환, 김붕구, 박이문, 정기수, 이환, 이진구, 홍승오, 원윤수, 김창석, 방곤, 송재영, 오현우, 유진억, 조홍식, 박순만, 손석린, 박은수 등을 꼽고 있다(김병철, 《한국현대번역문학사연구》, 상권, 을유문화사, 1998, 87-88쪽)."

14) 김윤진, 같은 책, 401쪽.

해 프랑스 문학의 올바른 진면목을 보여주고, 동시에 스스로의 연구에 대한 확신과 연장의 좋은 방법으로 간주했던 것이다."[15]라는 의견에 전적으로 동감한다.

다시 번역서의 우리말 제목과 관련된 문제로 돌아오자면,《이방인》의 제목과 관련된 사항과 마찬가지로 그간 카뮈의《시지프(의) 신화》로 불리던 작품도 좀 낯설기는 하지만 '시시포스(의) 신화'가 어떨까 생각해보게 된다. 우리 밖에 위치한, 우리 안에 있는 '이방인' 모두가 '낯섦'으로 다가오기 때문이다. '내 안의 나 또한 낯설게 느껴지는 경우가 많지 않은가.' 그럼에도 불구하고, 더 나아가 참고적으로 언급할 사항은 '알베르 카뮈의 작품 중에서 가장 난해한 작품이며 동시에 가장 우리말로 옮기기 어려운 《전락 La Chute》(1956)'의 우리말 제목과 관련해서도 역시 김화영의 〈역자의 말〉을 살펴보면 시사점이 크다고 할 수 있다. 그 대목은 이렇다. "지나치게 윤리적 사회적 차원의 의미해석이 전제되고 있는《전락》이라는 제목 대신에, 보다 더 물리적이고 객관적인 의미를 담고 있어서 프랑스말 제목에 더 가까울 듯하여《떨어지기》라는 제목을 사용할까 하고 오래 망설였으나 그것은 그것대로 오늘날 특유의 음성적 유추작용으로 인한 취약점을 지닌 것 같아 포기하고 말았다. 그래서 또다시 우리는 클라망스의

---

15) 김윤진, 같은 책, 403-404쪽.

《전락》으로 돌아왔다."[16] 또한 이렇게도 설명하고 있다. "이 작품의 제목인 〈La Chute〉를 흔히 우리말로는 〈전락〉이라고 번역하지만 불어의 일차적인 의미는 단순히 〈추락〉 〈떨어짐〉이다. 따라서 〈전락〉은 비유적인 의미만을 해석하여 번역한 결과가 된다."[17] 때문에 사실상 우리 독자들의 경우에는 출판사가 제시하는, 혹은 번역자가 제시하고 있는 제목에 이미 길들여져 있다고도 할 수 있는데, 그로 인해 작품 제목에 대한 다른 가능성을 제시하는 의견들을 마주치게 되면 무엇보다도 '낯설다'는 느낌이 가장 먼저 들 것이다.

다른 작가의 작품 제목과 관련해서도, 예를 들면 루소(Jean-Jacques Rousseau)의 *Les Confessions*과 같은 경우를 살펴보면, 그 제목은 보통《고백록》으로 제시되어 왔는데, 어떤 번역본의 경우에는《고백》,《참회록》으로 제목을 정한 것도 보인다. 그런데《참회록》이라는 제목과 같은 경우에는 독자들로 하여금 성 아우구스티누스의《참회록》을 먼저 떠올리게 하고 있기도 하다. 즉 번역에 관한 수용이라는 측면에서, 특히 제목과 관련하여 보자면 루소의 경우에는《고백록》으로, 성 아우구스티누스의 경우에는《참회록》으로 나름대로 정형화된 공통된 장을 구성하고 있다고도 할 수 있다. 때문에 우리의 독서계 혹은 출판계, 혹은 좀 더 넓게 보

16) 알베르 카뮈,《전락》, 김화영 옮김, 책세상, 1990. 10쪽 역자의 말 참조. 참고로 이 번역본《전락》은 1986년에 초판 1쇄가 발행되었다.

17) 김화영, 같은 책, 239쪽의 역자주 참조.

아서 일종의 '문학판'이나 '문학장'[18]이라는, 따라서 독자의 번역

---

18) '문학장'에 관해서, 특히 "문학의 정체성과 통일성이 부정되고, 문학과 비문학, 대중문학과 고급문학의 경계를 허무는 넓은 의미의 문학이란 개념이 수용"되면서, 문학을 '사회적 행위'로 파악해야 한다는 인식을 바탕으로, 종래의 문학연구에 비해 문학이 우리 현실변화에 주도적인 역할을 할 수 있다는 믿음과 프랑스를 포함한 서구의 문학장 및 한국을 포함한 아시아 문학장의 체계적인 비교 연구를 통해 열린 시각의 문학연구의 양상에 관해서는 김희영의 《문학장과 문학권력》(한국외국어대학교 출판부, 2009)에 수록되어 있는 논문들을 참조하면, 1920년대부터 1970년대에 이르는 세계의 다양한 문학장의 변화에 대한 비교분석을 가능하게 하는 문학연구의 새로운 지평을 확인할 수 있다. 특히 김희영의 글 〈프랑스 아방가르드 운동과 문학장의 이동〉 104쪽을 보면 문학장을 이렇게 설명하고 있다. "그런데 부르디외에 의하면 문학장은 작품의 질적 가치뿐 아니라 작품의 생산에 참여하는 출판, 편집, 문학상, 교육 등 수많은 외적 요인의 개입에 의해 결정되며 이런 맥락에서 문학작품의 진정한 생산자는 예술가가 아닌 문학장이라는 단언으로 이어진다."라고 말이다. 아울러 '문학성'과 관련된 사항도 확인할 수 있다. 특히 그 책에 속한 라영균의 글 〈문학장과 문학성〉 11-12쪽을 보면 문학성을 이렇게 분류하고 있다. "공시적인 관점에서 볼 때, 문학성은 작가가 중심이 될 경우 작가의 상상력이나 예술적인 창조력에서 혹은 작가가 속해 있던 사회적 환경과 조건 속에서, 작품이 중심이 될 경우에는 작품의 구조, 언어적 특성 그리고 텍스트의 구성요소나 미적 기법 등에서, 그리고 독자에 주목할 경우에는 수용방식, 즉 특정 텍스트를 '미적-자율적'으로 수용하는 태도에서 그 특성을 찾을 수 있다." 즉 문학성이 생산미학적, 작품미학적, 수용미학적 관점에서 규정된 것으로 보고 있으며, 그중에서도 19세기 이래 가장 중요한 문학적 특성으로 인식되어 온 것은 텍스트의 형식이었으나, 최근 들어 문학성의 기준이 텍스트의 특성이 아니라 '사회적 행위'라는 인식이 확대되어간다고 소개되고 있다.

작품 수용이라는 측면에서 작품의 제목이 갖는 중요성이 무척이나 지대할 것으로 생각된다. 그만큼 외국 문학 작품의 제목에 변경을 가한다거나 하는 식의 시도는 위험부담이 크다고 할 수 있다. 하지만 그것을 위험한 시도로 보기 보다는 말 그대로 '비평적 시도 Essais critiques'로 간주하는, 다시 말해 아무리 엄격한 비평적 고찰도 개인적인 체험이라는 주관적 의식 활동과 역사, 문화, 언어 관습 등을 아우르는 주체적 판단이라는 이중 작용이 언제나 관여되는 일종의 '긍정적인 시도'로 너그러이 용인하는 열린 시각의 '문학장'의 포용력이 필요하리가 생각된다.

이방인

초판 1쇄 인쇄 2013년 6월 20일
초판 1쇄 발행 2013년 6월 25일

지은이 알베르 카뮈
옮긴이 김용석
발행인 신현부
발행처 부북스

주소 100-835 서울시 중구 신당2동 432-1628
전화 02-2235-6041
팩스 02-2253-6042
이메일 boobooks@naver.com

ISBN 978-89-93785-55-5 04080
ISBN 978-89-93785-07-4 (세트)

이 도서의 국립중앙도서관 출판시도서목록(CIP)은 서지정보유통지원시스템 홈페이지(http://
seoji.nl.go.kr)와 국가자료공동목록시스템(http://www.nl.go.kr/kolisnet)에서 이용하실 수 있
습니다.(CIP제어번호: CIP2013008953)